Just Enough
BUSINESS
SPANISH

compiled by
LEXUS
and
the Editors of Passport Books

Printed on recyclable paper

PASSPORT BOOKS
a division of *NTC Publishing Group*
Lincolnwood, Illinois USA

1995 Printing

This edition first published in 1993 by Passport Books
a division of NTC Publishing Group, 4255 West Touhy Avenue,
Lincolnwood (Chicago), Illinois 60646-1975 U.S.A.
Manufactured in the United States of America.

4 5 6 7 8 9 0 AG 9 8 7 6 5 4 3

Just Enough Business Spanish is specifically designed to be of maximum service to you on your business trips to Latin America and Spain (or if you are having Spanish-speaking visitors at home). *Just Enough Business Spanish* gives you one single A-Z list of terms and expressions to help you communicate efficiently in Spanish:

- at sales meetings and presentations
- in discussions of terms, contracts, schedules
- when examining figures and accounts
- when making proposals and negotiating

And in addition to this you'll find words and phrases that will be useful when you are:

- traveling
- at your hotel
- coping with typical business-trip problems

Built into the A-Z list, for speed and ease of reference, are some 500 Spanish words, Spanish abbreviations, and acronyms you'll find on documents, statements, balance sheets, invoices, notices, etc. There is factual and practical information too: travel tips (see "highway," "banco," "bus," etc.), conversion tables (see "foot," "pint," etc.), a menu reader (see "menu"), a wine guide (see "wine"), numbers on pages 163-165, and maps on pages ix-xi.

On pages iv to viii there are notes on the pronunciation of Spanish and basic points about Spanish grammar.

All in all, *Just Enough Business Spanish* will make for a smoother, more efficient trip. If you are in business, then

this book means business!

The table below relates Spanish letters to English sounds. Notes 2-14 refer to English words, where appropriate, which approximate the sound of this letter when used in a word.

a	·[ah][2]	m	[m]
b	[b]	n	[n]
c	[k, c, th][1,8]	ñ	[ny][10]
ch	[ch][15]	o	[oh][5]
d	[d]	p	[p]
e	[eh][3]	q	[q][14]
f	[f]	r	[r, rr][11]
g	[gh, h][13]	s	[s]
h	[-]	t	[t]
i	[ee][4]	u	[oo][6]
j	[h][1]	v	[b]
k	[k]	w	[w]
l	[l]	x	[x]
ll	[y, ll][9]	y	[ee, y][7]
		z	[s, th][1,12]

1. Sound varies in Spain and even various Latin American countries.
2. Sounds like the *a* in f*a*r.
3. Sounds like the *e* in b*e*t.
4. Sounds like the *ee* in f*ee*t.
5. Sounds like the *o* in *o*rgan.
6. Sounds like the *oo* in b*oo*t.
7. Sounds like the *ee* in f*ee*t when used as a vowel; and like the *y* in *y*et, when used as a consonant.
8. Before an a, o or u, it sounds like the *k* in *k*ilo. Before an e or i in Latin America it sounds like the *c* in *c*ent and in Spain it sounds like the *th* in *th*in.
9. In Latin America it has different sounds that vary in intensity from the *y* in *y*et to the *j* in *j*et, and in Spain it sounds approximately like the *ll* in mi*ll*ion.

10. Sounds like the *ny* in ca*ny*on.
11. A single r like the r in rat. A double r, an r at the beginning of a word, and sometimes a single r in the middle of a composite word have a much harder rolling sound.
12. In Latin America it sounds like the s in sale, and in Spain it sounds like the *th* in *th*in.
13. Before an a, o or u, it sounds like the g in gate. Before an e or i, it sounds like the h in ham (varies slightly between Latin America and Spain). When followed by ue or ui, the u is silent, and the g will then sound like the g in gate.
14. Always followed by ue or ui, but the u is silent.
15. Sounds like *ch* in *ch*ild.

SPANISH DIPHTHONGS
In Spanish, when the vowels *i* and *u* are combined with other vowels or with each other, they often form a diphthong, that is, a pair of vowels that are pronounced in a single syllable. To better represent the pronunciation of diphthongs a set of unique symbols will be used in which *i* will be (*y*) and *u* will be (*w*); the other vowels will sometimes be given symbols different from those of the pronunciation guide above in order to approximate the sounds as they appear in English words. The most common diphthongs include:
ie (yeh) Sounds like *ye* in *ye*t.
ei (ay) Sounds like *ay* in b*ay*.
ua (wah) Sounds like *wa* in *wa*sh.
ue (weh) Sounds like *we* in *we*ll.

HOW TO SPELL IN SPANISH
a [ah] **b** [beh] **c** [ceh, theh] **ch** [cheh] **d** [deh]
e [eh] **f** [eh-feh] **g** [heh] **h** [ah-cheh] **i** [ee]
j [ho-tah] **k** [kah] **l** [eh-leh] **ll** [el-lyeh]
m [eh-meh] **n** [eh-neh] **ñ** [eh-nyeh] **o** [oh]
p [peh] **q** [qoo] **r** [er-reh] **s** [eh-seh] **t** [teh]
u [oo] **v** [beh] **w** [doh-bleh-oo or doh-bleh-beh]
x [eh-kis] **y** [ee-gryeh-gah] **z** [seh-tah, theh-tah]

STRESS IN SPANISH WORDS
Words with an accent mark (tilde) always receive the
stress on the syllable that carries the accent mark:
están (ehs-**tahn**), difícil (dee-**fee**-ceel), simpático
(seem-**pah**-tee-koh).

Words without accent marks are governed by the
following two rules:
   1) In words that end in a vowel or n or s, the
stress falls on the *next to the last* syllable: sombrero
[sohm-**breh**-roh], estaban [ehs-**tah**-bahn], valores
[bah-**loh**-rehs].
   2) In words that end in any consonant except n or
s, the stress falls on the last syllable: usted
[oos-**tehd**], hotel [oh-**tehl**], favor [fah-**bohr**].

If you are starting to learn Spanish or are using rusty
school Spanish at a business meeting, the greatest
difficulties are likely to include the question of
gender, and verb forms and tenses; here is some
basic help with these problems.

1. Gender

In *The Spanish Businessmate* we give you the article with every translation of a noun. Depending on the likely context of use, it'll be the Spanish equivalent of either "the" or "a."

If the article is "el" (the) or "un" (a, an), it means the noun is masculine; if it is "la" or "una" the noun is feminine.

Remember that if you use an adjective with a noun, it should "agree:" un pequeño modelo, una pequeña fábrica, un equipo potente, una máquina potente.

Also, articles are often used even where you wouldn't have "the" in English: "I prefer plastic," but "yo prefiero el plástico."

Finally, remember that "de" + "el" is "del": la secretaria del gerente (the manager's secretary). Similarly, "a" + "el" becomes "al": voy al hotel (I'm going to the hotel).

2. Verbs

The present tense of verbs will be sufficient to help you get by in most situations:

llegar [yeh-gar]	to arrive
yo llego [yoh yeh-goh]	I arrive
tú llegas [too yeh-gahs]	you arrive (informal)
usted llega [oos-tehd yeh-gah]	you arrive (formal)
él llega [el yeh-gah]	he arrives
ella llega [eh-yah yeh-gah]	she arrives
nosotros llegamos [noh-soh-trohs yeh-gah-mohs]	we arrive
vosotros llegáis [boh-soh-trohs yeh-guyss]	you arrive (Spain)
ustedes llegan [oos-teh-dehs yeh-gahn]	you arrive (Latin America)
ellos llegan [eh-yohs yeh-gahn]	they (m) arrive
ellas llegan [eh-yahs yeh-gahn]	they (f) arrive

tener "to have:" yo tengo [tehn-goh], tú tienes [tyeh-nehs], usted tiene [tyeh-neh], el(ella) tiene [tyeh-neh], nosotros tenemos [teh-neh-mohs], vosotros tenéis [teh-nays], ustedes tienen [tyeh-nehn], ellos(as) tienen.

A number of verbs are irregular. *The Spanish Businessmate* will give you the main forms you need to know under the entries for "be," "have," "go," etc.

Finally, the past tense is generally made up with the "auxiliary" have (haber). Yo he pagado (I paid, I have paid), él no ha pagado (he didn't pay, he hasn't paid).

Good luck, and remember—if you do try to speak their language, however basic your proficiency, your Spanish contacts will greatly appreciate it!

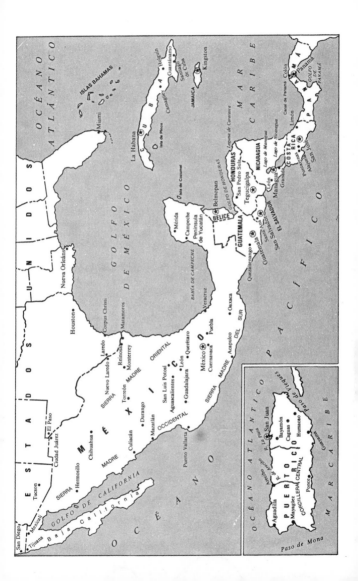

A

a, an un(a)

    10 pesos a liter diez pesos por litro

about: is he about (*around*)? ¿está él por aquí?

    is he about to . . . ? ¿va él a . . . ?

    about 15 (*years*) alrededor de quince (años)

    about face dar media vuelta, cambiar de opinión

    at about 2 o'clock alrededor de las dos

above arriba (de. . .)

    above that arriba de eso

above-mentioned mencionado(a) anteriormente

abroad en el exterior

accept aceptar

acceptable aceptable

acceptance la aceptación

acceptance trials ensayos de aceptación

acceso prohibido no entry

accident: there's been an accident ha occurido un
accidente

» *TRAVEL TIP: If anybody is hurt, get the police; for
minor accidents, it is preferable to get the police
but if not, at least obtain a written note from the
other party stating his name, driver's license
number, and the name and address of his
insurance company.*

acción stock

    sus acciones subieron your stock went up

accionista stockholder, shareholder

accommodations: we need accommodations for three
deseamos alojamiento para tres personas

accordance: in accordance with de acuerdo a

according: according to Mr. Garcia de acuerdo al Sr.
García

    according to the contract de acuerdo al contrato

account (*bank*) una cuenta

---

a [ah], c [k, c, th], e [eh], g [gh, h], h [-], j [h], ll [y, ll],
ñ [ny], u [oo], v [b], y [ee, y], z [s, th];
see also pages iv–vi

(bill) la cuenta
(customer) el cliente
that will be taken into account que se tendrá en consideración
accountant un contador
accounting department departamento de contabilidad
accounting method el método de contabilidad
accounting period el período de contabilidad, el período fiscal
account number número de cuenta
accounts: our accounts for the past year nuestras cuentas del año pasado
  may we look at your accounts for 1985? ¿podríamos examinar su contabilidad de mil novecientos ochenta y cinco?
accurate preciso(a)
acknowledge reconocer
  acknowledge receipt of acusar (aviso) recibo de
acreditar to credit
acreedor creditor
across al otro lado (de ...)
across the board: an across-the-board increase un aumento general
actas minutes
  libro de actas book of minutes
activo assets, employment of capital or funds
actual (as opposed to targeted) efectivo(a)
actuary un actuario
acumulación accrual
acuso recibo confirmation of receipt
adaptor un adaptador
add agregar
additional adicional
address una dirección
  will you give me your address? ¿puede darme su dirección?
adelantado, por in advance
adelanto advance, loan
adequate adecuado, suficiente
adeudar to owe

adjudicación award (to bidder)
adjust ajustar
administración administration, management
administrador administrator, manager
administration administración
admission (to club) la entrada
aduana Customs
adult un adulto
advance: in advance por adelantado
    can we book in advance? ¿podemos reservar por
    adelantado?
    advance payment pago por adelantado
advantage una ventaja
advertisement (for a product, a job, an apartment) un
    anuncio
    I want to put an advertisement in the paper deseo
    poner un anuncio en el periódico
advertising la publicidad; see also **publicity**
advertising campaign una campaña publicitaria
advice: we would appreciate advice as to when . . .
    podría informarme sobre cuando . . .
    advice note una nota
    payment advice un aviso de pago
advisable recomendado
advise: please advise us podría informarnos
    we have been advised that . . . nos han informado
    que . . .
afiliada affiliated
    compañia afiliada affiliated company
afraid: I'm afraid I don't know lo siento, no lo sé
    I'm afraid so desgraciadamente es así
    I'm afraid not creo que no
    we're afraid that . . . tememos que . . .
after: after you después de usted
    after 2 o'clock después de las dos
afternoon la tarde

---

a [ah], c [k, c, th], e [eh], g [gh, h], h [-], j [h], ll [y, ll],
    ñ [ny], u [oo], v [b], y [ee, y], z [s, th];
       see also pages iv–vi

in the afternoon en la tarde
good afternoon buenas tardes (señor, etc.)
» TRAVEL TIP: *The afternoon may be considered "after lunch" though lunch may take place later than 12:00 noon.*
after-sales service servicio posterior a la venta
again de nuevo
against: against the dollar en relación al dólar
agencia agency
agency (*office*) una agencia
   (*distributorship*) la representación
agency agreement un acuerdo de representación
   we have sole agency for ... tenemos la distribución exclusiva de ...
agenda: on the agenda en el calendario
   the agenda of the meeting la orden del día de la reunión
agent agente, representante
agente de aduana Customs agent, Customs broker
ago: a week ago hace una semana
   it wasn't long ago no hace mucho tiempo
   how long ago was that? ¿hace cuánto tiempo de eso?
agree: I agree estoy de acuerdo
   I can't agree with that no estoy de acuerdo con eso
   if we can agree on a solution si podemos ponernos de acuerdo sobre una solución
   do you agree that this is too much? ¿está de acuerdo en que esto es demasiado?
agreeable: if you are agreeable si usted está de acuerdo
agreement: we're in agreement on that estamos de acuerdo sobre eso
   let's try to reach an agreement tratemos de llegar a un acuerdo
   you have broken the agreement usted ha roto el acuerdo
aim (*of talks, etc.*) el objetivo
air aire

by air/by airmail por avión
airfreight la carga aérea
   we'll airfreight them to you se los enviaremos por
   carga aérea
airport el aeropuerto
air waybill la guía aérea, el conocimiento aéreo
ajuste adjustment
   ajuste de fin de año year-end adjustment
ALALC Asociación Latino Americana de Libre
   Comercio: *Latin American Association of Free
   Trade*
alarm: give the alarm dar la alarma
   alarm clock un reloj despertador
alcohol el alcohol
   is it alcoholic? ¿contiene alcohol?
al día up-to-date
all: all the people todo el mundo
   all night/all day toda la noche/todo el día
   that's all wrong eso está completamente
   equivocado
   all right! ¡de acuerdo!
   that's all eso es todo
   thank you–not at all gracias–de nada
allow permitir
   will you allow us more time? ¿podría darnos más
   tiempo?
   have you allowed for inflation? ¿ha tomado
   previsiones para los efectos de la inflación?
allowance una asignación
allowed: is it allowed? ¿está permitido?
   it's not allowed no está permitido, está prohibido
   allow me permítame
almacén store, warehouse
almost casi
alone solo(a)
alquilar to rent, to let

---

a [ah], c [k, c, th], e [eh], g [gh, h], h [-], j [h], ll [y, ll],
ñ [ny], u [oo], v [b], y [ee, y], z [s, th];
see also pages iv–vi

alquiler rent
  alquiler pagado por adelantado prepaid rent
already ya
also también
alter modificar, cambiar
alteration una modificación, un cambio
  when we've carried out the alterations cuando
  hayamos efectuado las modificaciones
although aunque
altogether en total
always siempre
alza increase in value
a.m. see **time**
ambassador el(la) embajador(a)
ambulance la ambulancia
amendment (to contract, etc.) una enmienda
America la América
American americano(a)
  I'm American soy americano(a)
among entre
amortización amortization
amortizar to amortize
amount (sum) el monto, la suma
  the total amount el total, el monto total,
  la suma total
  it amounts to more than ... asciende a más de ...
análisis analysis
analizar analyze
analysis el análisis
analyze analizar
and y
anexo annex, attachment
angry enojado(a)
  I'm very angry about it estoy muy enojado
  sobre eso
  please don't get angry le ruego que no se enoje
annoy: it's very annoying es muy molesto
annual anual
annual accounts la cuenta anual
annual meeting la reunión anual

annual report el informe anual
another: can we have another room? ¿nos podrían dar otra habitación?
   another beer, please otra cerveza, por favor
answer una respuesta
   what was his answer? ¿cuál fue la respuesta de él?
anterior previo
anticipo advance payment
antigüedad seniority
anualidad annuity
anuncios ads
any: do you have any water/pepper/cigars? ¿tiene agua/pimienta/cigarros?
   I don't have any no tengo
   isn't there any choice? ¿no existe la posibilidad?
anybody cualquiera
   is anybody in? ¿está alguien adentro?
   I don't know anybody no conozco a persona alguna, no conozco a nadie
anything cualquier cosa
   have you got anything for ...? ¿tiene algo para ...?
   I don't want anything no deseo cosa alguna, no deseo nada
apartado de correos post office box
aperitif un aperitivo
apoderado holder of a power of attorney, proxy
apologize pedir disculpas
apology la disculpa
   please accept my apologies le ruego que me disculpe
   I want an apology deseo que se disculpen
appendix *(to a contract)* un apéndice
applicant el candidato(a)
application form el formulario de solicitud

---

a [ah], c [k, c, th], e [eh], g [gh, h], h [-], j [h], ll [y, ll],
ñ [ny], u [oo], v [b], y [ee, y], z [s, th];
see also pages iv–vi

apply: to apply for (*membership, license, job*) hacer una solicitud para
   that doesn't apply in this case eso no es válido en este caso
appointment una cita
   can I make an appointment? ¿puedo hacer una cita?
   I have an appointment tengo una cita
appraisal valuación
appreciate: we appreciate your problem comprendemos su problema
   yes, I appreciate that, but ... si, comprendo, pero ...
   we would appreciate it if you could ... le agradeceríamos si usted pudiese ...
   thank you, I appreciate it gracias, le agradezco
   it actually appreciates in value en realidad sube de valor
appreciation: as a sign of our appreciation como muestra de nuestro aprecio
approach: you should approach our agents usted debe ponerse en contacto a nuestros representantes
   we have been approached by another firm otra firma se ha puesto en contacto con nosotros
   have they been making approaches to you? ¿han estado poniéndose en contacto con usted?
   our approach to distribution nuestra política en asuntos de distribución
appropriate: the appropriate department el departamento apropiado
   at the appropriate time en el momento adecuado
approval la aprobación
   not without your approval no si falta su aprobación
approve: do you approve? ¿está usted de acuerdo?
   you have to approve these changes usted tiene que aprobar estos cambios
approximately aproximadamente
April: in April en abril

aprobado approved
aproximadamente approximately
Apt. apartamento *apartment*
Aptdo. *post office box*
arbitraje arbitration
archivo file, *archives*
are *see* **be**
area el área
    in the area en el área
area code prefijo telefónico
area manager el gerente de área
Argentina Argentina
arm el brazo
around *see* **about**
    around $1,000 alrededor de mil dólares
    is the hotel around here? ¿está el hotel cerca de
    aquí?
arrange: will you arrange it? ¿podría usted
    arreglarlo?
    it's all arranged todo está arreglado
    that can be easily arranged eso se puede arreglar
    fácilmente
arrangement: we have a special arrangement with
    them tenemos un acuerdo especial con ellos
    can we discuss the arrangements? ¿podemos
    hablar sobre los arreglos?
    all the arrangements have been made se han
    efectuado todos los arreglos
arrears: you have arrears of . . . usted está retrasado
    en . . .
    payments are in arrears los pagos están atrasados
arrendamiento rental, *lease*
arrival la llegada
arrive: we only arrived yesterday apenas hemos
    llegado ayer
art el arte

---

a [ah], c [k, c, th], e [eh], g [gh, h], h [-], j [h], ll [y, ll],
ñ [ny], u [oo], v [b], y [ee, y], z [s, th];
see also pages iv–vi

artificial artificial
as: as quickly as you can tan pronto como pueda
    as much as you can lo más que pueda
    as you wish como usted guste
    as of today a partir de hoy
asamblea de accionistas stockholders meeting
a.s.a.p. lo antes posible
ascensor elevator
asegurado insured, assured
asegurador insurer, underwriter
aseguranza insurance
asegurar to insure, to assure
ashtray un cenicero
asiento entry (accounting), seat
asignación assignment, allowance, allotment
ask preguntar
    ask for pedir
    could you ask him to . . . ? ¿podría
    pedirle que . . . ?
    that's not what I asked for eso no fue lo que pedí
    I have been asked to tell you . . . me han pedido
    que le diga . . .
asleep: he's still asleep él está durmiendo todavía
asociación association
asociado associate partner
aspirin una aspirina
assembly (*of machine*) el ensamblaje
    assembly instructions las instrucciones de
    ensamblaje
asset: this would be a major asset esto sería un haber
    importante
assets (*on balance sheets*) el activo
assistant el(la) asistente
    (*shop*) el(la) vendedor(a)
assistant manager el subgerente
assume: I assume . . . supongo . . .
    can we safely assume that . . . ? ¿podemos suponer
    con certeza que . . . ?
    that's just an assumption eso es solamente una
    suposición

assurance: you have my assurance that . . . le
  aseguro que . . .
assure: could you assure us that . . . ? ¿podría usted
  asegurarnos que . . . ?
  rest assured le aseguro
at: at the airport en el aeropuerto
  at my hotel en mi hotel
  at 1 o'clock a la una
atmosphere la atmósfera
atrasado in arrears
attach conectar, adjuntar
  the attached invoice la factura adjunta
attaché case un portafolio
attention: for the attention of Mr. . . . a la atención
  del Sr. . . .
  please pay special attention to . . . sírvase prestar
  atención especial a . . .
  thank you for bringing it to our attention le
  agradecemos que haya llamado nuestra atención a
  esto
attitude la actitud
attractive *(offer, price)* favorable
  (design, display) atractivo(a)
audiencia hearing
audit: after last year's audit después de la auditoría
  del año pasado
auditar to audit
auditor un auditor
auditoría audit, auditing
August: in August en agosto
aumento increase
Australia Australia
Australian australiano(a)
Austria Austria
Austrian austriaco(a)
authorities las autoridades

---

a [ah], c [k, c, th], e [eh], g [gh, h], h [-], j [h], ll [y, ll],
ñ [ny], u [oo], v [b], y [ee, y], z [s, th];
see also pages iv–vi

authorization: I need my director's authorization
  necesito la autorización de mi director
  do we have your authorization to ...? ¿tenemos
  su autorización para ...?
authorize (steps, decision) autorizar
  I'm not authorized to ... no estoy autorizado
  para ...
automatic automático(a)
automatically automáticamente
available (goods) disponible
  (person) libre
  on the next available flight en el primer vuelo
  posible
availability: subject to availability sujeto a
  disponibilidad
average: average results resultado promedio
  above/below average por encima/debajo del
  promedio
aviso notice
avoid: to avoid delay con el fin de evitar un retraso
await: we are awaiting ... estamos esperando ...
  awaiting your prompt reply esperando su pronta
  respuesta
aware: are you aware of the ...? ¿está usted al tanto
  de que ...?
away: is it far away from here? ¿está lejos de aquí?
awful terrible

B

back: I'll be right back regreso muy pronto
  is he back? ¿ya regresó él?
  when will he be back? ¿cuando regresará él?
  can I have my money back? ¿me pueden devolver
  el dinero?
  come back regrese
  I go back tomorrow regresaré mañana
  at the back atrás
  we'll get back to you on that nos pondremos en

contacto con usted sobre eso
backer (for project) un respaldante
backing: we need your backing necesitamos su
respaldo
backlog (of work) trabajo atrasado
(of orders) pedidos no despachados
back out: I'm afraid you can't back out lo siento,
usted no puede echarse atrás
they backed out at the last minute se echaron
atrás al último minuto
back up: the figures back it up las cifras lo respaldan
bad malo(a)
too bad qué lástima
bad debts malas deudas
baggage equipaje
bajo par below par
balance (money) el saldo
(goods, etc.) el resto
on balance en balance
balance out: they balance each other out se
equilibran
balance sheet hoja de balance
ballpoint pen un bolígrafo
banco bank
» TRAVEL TIP: Check banking times for each country.
They may vary widely.
bandage la venda
bank el banco
bank account una cuenta bancaria
bank branch manager un gerente de la sucursal
bancaria
bank draft un giro bancario
bank loan un préstamo bancario
bankrupt en bancarrota
bar (lawyers) el colegio de abogados
(lounge) una cantina, un bar

a [ah], c [k, c, th], e [eh], g [gh, h], h [-], j [h], ll [y, ll],
ñ [ny], u [oo], v [b], y [ee, y], z [s, th];
see also pages iv–vi

barber el barbero
bargain: it's a real bargain está a muy buen precio
barmaid la cantinera
barman el cantinero
base: our Caribbean base nuestra base en el Caribe
  it's based on the assumption that ... está basado
  en la suposición de que ...
based: Lima-based con base en Lima
basic (*problem*) fundamental, básico
basically: we are basically interested
  fundamentalmente, estamos interesados
  it's basically the same es fundamentalmente lo
  mismo
basis la base
  as a basis for negotiations como base de
  negociaciones
bath un baño
bathroom un cuarto de baño
  I'd like a room with a private bathroom deseo
  una habitación con cuarto de baño
battery una batería
be ser, estar
  I am yo soy, yo estoy
  we are nosotros somos, nosotros estamos
  you are usted es, usted está; (*informal*) tú eres, tú
  estás
  he/she is él/ella es, él/ella está
  it's es, está
  they are ellos son, ellos están
  they aren't ellos no son, ellos no están
  I was, you were, etc. yo fui, yo estuve, usted fue,
  usted estuvo; (*informal*) tú fuiste, tú estuviste,
  él(ella) fue, estuvo, nosotros fuimos, nosotros
  estuvimos, ellos fueron, ellos estuvieron
  he's been sick él ha estado enfermo
  don't be late no llegue tarde
  be reasonable sea razonable
beat: to beat the competition ganarle a la
  competencia
  we can beat these prices podemos ofrecer mejores

precios
beautiful bello(a)
because porque
    because of the delay debido al atraso
bed una cama
    single bed una cama sencilla
    double bed una cama doble
    twin beds unas camas gemelas
    I'm going to bed voy a acostarme
    bed and breakfast habitación y desayuno
bedroom una habitación, un dormitorio
beer la cerveza
    two beers, please dos cervezas, por favor
» TRAVEL TIP: *In some Latin American countries the diminutive is frequently used "una cervecita" (one beer), "dos cervecitas" (two beers).*
before: before breakfast antes del desayuno
    before we leave antes de partir
    I haven't been here before nunca había estado aquí
begin: when does it begin? ¿cuándo va a comenzar?
beginning el principio, el inicio
    beginning next month comenzando el mes próximo
behalf: on behalf of Mr. Ross a nombre del Sr. Ross
    on behalf of our company a nombre de nuestra compañía
    on your/his behalf a nombre suyo/de él
behind atrás, atrasado(a)
    we're behind on delivery estamos atrasados en la entrega
believe: I don't believe you no le creo
    I believe you le creo
belong: that belongs to me eso me pertenece
    who does this belong to? ¿a quién pertenece esto?
below debajo de

---

a [ah], c [k, c, th], e [eh], g [gh, h], h [-], j [h], ll [y, ll],
ñ [ny], u [oo], v [b], y [ee, y], z [s, th];
see also pages iv–vi

beneficio bruto gross profit
beneficio neto net profit
berth (on ship) una litera
beside a un lado (de . . .)
best el(la) mejor
    we'll do our best haremos lo mejor posible
    the best would be . . . lo mejor sería . . .
better mejor
    don't you have anything better? ¿no tiene algo
    mejor?
    are you feeling better? ¿se siente mejor?
    I'm feeling a lot better me siento mucho mejor
between entre
beyond más allá de
bid una oferta, una licitación
big grande
    a big one uno(a) grande
    that's too big es demasiado grande
    it is not big enough no es suficientemente grande
    do you have a bigger one? ¿tiene uno más grande?
bill la cuenta, la factura
    (bank note) el billete de banco
    (draft) la letra de cambio
bill of lading guía de embarque
bit (piece) un pedazo
    just a bit un poquito
    that's a bit too expensive es un poco caro
black negro(a)
    in the black: this year we are in the black este
    año el balance es positivo
    is it black tie? ¿es de smoking?
blanco: un cheque en blanco a blank check
blanket order una orden permanente
blood la sangre
    blood group el grupo sanguíneo
    high blood pressure la presión alta
bloody mary un bloody mary
blue azul
    blue-chip stocks acciones de primera clase
board (of directors) la junta directiva

board meeting la reunión de la junta directiva
full board (*breakfast and 2 meals*) una pensión completa
half board (*breakfast and 1 meal*) una media pensión
boarding pass tarjeta de embarque
boat un barco
boleto ticket
Bolivia Bolivia
bolsa exchange (*stock or commodities*)
bonds bonos
bonos bonds
book un libro
   to book reservar
   can I book a seat for . . . ? ¿puedo hacer una reservación para . . . ?
   I'd like to book a seat for . . . quisiera hacer una reservación para . . .
   I'd like to book a table for two quisiera reservar una mesa para dos
   YOU MAY THEN HEAR . . .
   ¿a nombre de quién, por favor? what is the name, please?
   ¿para qué hora? for what time?
   see also **reserve**
booking office oficina de reservaciones
books: your books su contabilidad, sus libros
bookstore una librería
border la frontera
boring aburrido(a)
born: I was born in 1945/in Chicago nací en mil novecientos cuarenta y cinco/ en Chicago
borrow: can I borrow . . . ¿me podría prestar . . . ?
borrowings los empréstitos
boss el jefe
both ambos, los(as) dos

---

a [ah], c [k, c, th], e [eh], g [gh, h], h [-], j [h], ll [y, ll],
ñ [ny], u [oo], v [b], y [ee, y], z [s, th];
see also pages iv–vi

I'll take both of them tomaré ambos
bottle una botella
bottom: at the bottom of the list al final de la lista
box una caja
   (at theater) un palco
boy un niño, un muchacho
brake frenar
   I had to brake suddenly tuve que frenar
   súbitamente
   he didn't brake el no frenó
branch una sucursal
branch manager un gerente de sucursal
branch office una sucursal
brand una marca
   we must increase brand recognition debemos
   aumentar el reconocimiento de la marca
brand image la imagen de la marca
Brazil Brasil
breach: they are in breach of contract ellos
   rompieron el contrato
bread el pan
   could we have some bread and butter? ¿podría
   traernos pan y mantequilla?
   some more bread, please un poco más de pan, por
   favor
break *(contract, agreement)* romper
breakdown *(car)* una falla, una avería
   (of figures, facts) desglosar
   could you give me a full breakdown? *(figures)*
   ¿podría darme un desglose detallado?
   (facts) ¿podría darme análisis detallados?
break even balance equilibrado
   at that rate we don't break even con esa
   tarifa no equilibraremos nuestro balance
breakeven point punto de no ganancias y no
   pérdidas
breakfast el desayuno
» *TRAVEL TIP: An American breakfast (bacon and
   eggs, etc.) can be obtained at most hotels.*
briefcase una cartera, un portadocumentos, un

cartapacio
**briefing: please give me a full briefing on the
situation** sírvase darme un resumen completo
sobre la situación
brilliant brillante
bring traer
could you bring it to my hotel? ¿podría traerlo a
mi hotel?
**bring forward: we've brought the date forward three
weeks** hemos avanzado la fecha tres semanas
bring forward (*in ledger*) traer
Britain la Gran Bretaña
British británico(a)
brochure un folleto
do you have any brochures about . . . ? ¿tiene
usted algún folleto sobre . . . ?
broken: you've broken it usted lo rompió
my room/car has been broken into alguien entró
en mi habitación/automóvil
broker un corredor
brown chocolate, marrón, café
browse: can I just browse around? ¿puedo mirar?
bruto gross
buffet un buffet
build construir
building un edificio
bunch of flowers un ramo de flores
bunk una litera
buoyant (*market*) tendencia de alza fácil
bus el autobús, el ómnibus
bus stop parada de autobús
could you tell me when we reach my stop?
¿podría avisarme al llegar a mi parada?
» TRAVEL TIP: *Pay as you enter in most cities.*
business los negocios
I'm here on business estoy aquí en vía de negocios

---

a [ah], c [k, c, th], e [eh], g [gh, h], h [-], j [h], ll [y, ll],
ñ [ny], u [oo], v [b], y [ee, y], z [s, th];
see also pages iv–vi

business trip un viaje de negocios
we have a business proposition to put to you
tenemos un negocio que proponerle
we look forward to doing more business with you
esperamos continuar teniendo negocios con usted
it's a pleasure to do business with you es un
placer tratar con usted
our business relationship nuestros contractos de
negocios
that's not our way of doing business esa no es la
forma en que llevamos a cabo nuestros negocios
business is business los negocios son negocios
bust: to go bust fracasar
busy (*person, telephone*) ocupado(a)
we're very busy these days tenemos mucho
trabajo en estos días
butter la mantequilla
button un botón
buy comprar
where can I buy . . . ? ¿dónde puedo comprar . . . ?
I'll buy it yo lo compro
nobody is buying them nadie los compra
our company has been bought by . . . nuestra
compañía ha sido comprada por . . .
we'll buy up the remaining stocks compraremos
el resto de las acciones
buyer un(a) comprador(a)
buying department el departamento de compras
by: I'm here by myself estoy aquí solo(a)
can you do it by January? ¿podría hacerlo de aquí
a enero?
by train/car/plane en tren/automóvil/avión
by the station cerca de la estación
who's it made by? ¿quién lo fabrica?
signed/ordered by . . . firmado/pedido por . . .

C

cabin una cabina
cabina telefónica telephone booth
cable (*message*) un cable
café un café
café (*the usual place for a drink or snack*) *a coffeehouse, coffee*
caja cash register
caja chica petty cash
cajero cashier
cake una torta
calculator una calculadora
calendario calendar, schedule, program
call: will you call the manager? ¿podría usted llamar al gerente?
  what is this called? ¿cómo se llama esto?
  he'll be calling on you next week él vendrá a verlo la semana próxima
  I'll call you back yo lo llamaré de vuelta
  see **telephone**
calm calma
  calm down cálmese
cámara de comercio chamber of commerce
Cámara de Comercio International (CCI) International Chamber of Commerce (ICC)
cambio extranjero foreign exchange
camera una cámara
campaign una campaña
can: a can of beer una cerveza de lata
can: can I have ...? ¿podría darme ...?
  can you ...? ¿puede usted ...?
  I can't ... no puedo ...
  he can't ... él no puede ...
  we can't ... nosotros no podemos ...
  can they ...? ¿pueden ellos ...?
Canada el Canadá

---

a [ah], c [k, c, th], e [eh], g [gh, h], h [-], j [h], ll [y, ll],
ñ [ny], u [oo], v [b], y [ee, y], z [s, th];
see also pages iv–vi

Canadian canadiense
cancel (order) cancelar
    I want to cancel my reservation quiero cancelar
    mi reservación
    can we cancel dinner for tonight? ¿podemos
    cancelar la cena de esta noche?
    the flight has been cancelled se ha cancelado el
    vuelo
cancelación cancellation
cancellation (flight) la cancelación
cantidad quantity, amount
capacidad capacity
capacity la capacidad
capital (money) el capital
    (city) la capital
capital equipment equipo capital
capital expenditure gastos de capital
capital intensive que necesita una inversión
    importante
capital neto net capital, net worth
capital pagado paid-in capital
capital social authorized capital
capital suscrito subscribed capital
car un automóvil
carafe una garrafa
card: business card una tarjeta de presentación:
    do you have a card? ¿tiene una tarjeta de
    presentación?
care: will you take care of my briefcase for me?
    ¿podría usted cuidarme el portafolio?
careful: be careful tenga cuidado
car-ferry un transbordador para automóviles
cargo la carga
cargo charge, debit, position held
cargos bancarios bank charges
cargos fijos fixed charges
carrier el transportador
carry: will you carry this for me? ¿podría usted
    llevarme esto?
    carry on continuar

please carry on as before por favor continúen como antes
carry out: it wasn't properly carried out no ha sido ejecutado correctamente
we've carried out your request se ha llevado a cabo su solicitud
carta de crédito letter of credit
cartera portfolio, wallet, purse
carton una caja de cartón
casa house, firm
casa matriz home office
case (*suitcase*) una maleta
    (*packing case*) una caja
    in that case en ese caso
    as the case may be según sea el caso
    an isolated case un caso aislado
    in such cases en estos casos
    he has a good case tiene un buen caso, su argumento es válido
cash (*paid*) al contado, en efectivo
    in cash al contado, en efectivo
    I haven't any cash no tengo dinero en efectivo
    will you cash a check for me? ¿podría cambiarme un cheque?
cash flow presupuesto de efectivo, presupuesto de caja, calendario de gastos
cash flow forecast un pronóstico del presupuesto de efectivo
cash flow problems problemas de presupuesto de efectivo
cashier's desk la caja
casilla post office box
cassette un casete
catch: where do we catch the bus? ¿dónde podemos tomar el autobús?
cater to: to cater to your special needs para atender

---

a [ah], c [k, c, th], e [eh], g [gh, h], h [-], j [h], ll [y, ll],
    ñ [ny], u [oo], v [b], y [ee, y], z [s, th];
see also pages iv–vi

sus necesidades particulares
cause: the cause of the trouble la causa de las
dificultades
   it's caused some inconvenience ha causado
algunas inconveniencias
CC Cuerpo Consular Consular Corps
CD Cuerpo Diplomático Diplomatic Corps
cédula national identity card
cédula sumario lead schedule
ceiling (limit) un límite
   up to a ceiling of hasta un límite de
cellophane el celofán
centigrade centígrado
» *to convert C to F:* C ÷ 5 × 9 + 32 = F

centigrade	−5	0	10	15	21	30	36.9
Fahrenheit	23	32	50	59	70	86	98.4

centimeter un centímetro
» *1 cm = 0.39 inches*   *1 inch = 2.54 cm*
center el centro
central central
certain: are you certain? ¿está usted seguro?
   please make certain that ... por favor, cerciórese
de que ...
   I'll make certain (check) me aseguraré
certificado de aduana Customs certificate
certificar to certify
certificate un certificado
certified public accountant contador público
certificado, contador público juramentado
chainstore un almacén de una cadena
chair una silla
   (armchair) un sillón
   (at meeting): **he was in the chair** él presidía
chairman el presidente
chairwoman la presidente
chambermaid la camarera
champagne la champaña, el champán
chance: just one more chance déme otra oportunidad
   it's an excellent chance to ... es una excelente
oportunidad para ...

change: could you change this into pesos? ¿podría cambiar esto en pesos?
    I haven't got the right change no tengo el cambio correcto
    can you change 10 pesos? ¿podría darme cambio para 10 pesos?
    do we have to change trains? ¿tenemos que cambiar de tren?
    I'd like to change my reservation/flight, etc. quisiera cambiar mi reservación/vuelo, etc.
    it can't be changed now no se puede cambiar ahora
    there are going to be a lot of changes vienen muchos cambios
    three changes to the contract specifications tres cambios a las especificaciones del contrato
    keep us informed of any changes in the situation manténganos al tanto de cualquier cambio en la situación
charge: what do you charge? ¿cuánto cuesta?
    who's in charge ¿quién está a cargo?
    charge it cárguelo
    charge order orden de facturar
    it'll be charged se pondrá en su cuenta
    whom do I charge it to? ¿a quién se lo cargo?
    what are the charges? ¿cuáles son los cargos?
    no extra charge sin cargo adicional
chart *(flowchart, etc.)* una gráfica
cheap barato, económico
check: will you check the total? ¿podría verificar el total?
    could I have the check? ¿podría darme la cuenta?
    I've checked lo he verificado
    we checked in/we checked out at 10 llegamos/partimos a las diez
    have you checked your facts? ¿ha verificado usted

---

a [ah], c [k, c, th], e [eh], g [gh, h], h [-], j [h], ll [y, ll],
ñ [ny], u [oo], v [b], y [ee, y], z [s, th];
see also pages iv–vi

su información?
I'll check it out lo verificaré
detailed checks have shown that ... verificaciones
minuciosas han demostrado que ...
regular checks will be carried out se efectuarán
verificaciones rutinarias
check un cheque
   will you take a check? ¿aceptan cheques?
checkbook una chequera
checking account una cuenta corriente
checklist una hoja de verificación
checkroom guardarropa, consigna
cheque pagado cancelled check
cheques checks
cheques certificados certified checks
cheques viajeros traveler's checks
chest el pecho
children los niños
Chile Chile
chocolate el chocolate
choice: a wider choice of products una selección más
   amplia de productos
   we have no choice no tenemos otra alternativa
choose escojer
choque (cars) car collision
Cia. compañia company
cider (drink) la sidra
c.i.f. costo, seguro y flete (C.S.F.)
cigar un cigarro
cigarette un cigarrillo
circular circular
   (letter) una circular
circumstances: under no circumstances en ningún
   caso
   in the circumstances bajo las circunstancias
citizen el ciudadano
city una ciudad
claim: our claim against the carrier nuestra
   reclamación contra el transportador
   the claims we make for our products las

cualidades que aseguramos que tiene nuestro producto
we intend to claim damages tenemos la intención de efectuar reclamaciones por daños
clarification aclaración
clarify aclarar
clean (*not dirty*) limpio(a)
(*to wash, etc.*) limpiar
clear claro(a)
I'm not clear about it no he entendido bien
I want to make this perfectly clear quiero que esto sea perfectamente claro
I'd be grateful if you would clear it up le agradecería si usted pudiese aclarar esto
when they're cleared through Customs cuando ellos(as) pasen la aduana
clearance (*customs*) las formalidades de aduana
clearing bank banco afiliado a la caja de compensaciones
clerical error (*wrong entry*) un error tipográfico, un error de oficinista
clerk un(a) empleado(a) de oficina, oficinista
clever inteligente
client un(a) cliente
cloakroom guardarropa, consigna
clock un reloj
close¹: is it close? ¿está cerca de aquí?
close²: when do you close? ¿cuándo cierran?
closed cerrado(a)
close down (*business*) cerrar
cloth la tela
clothes los vestidos, la ropa
co- co-
c/o c/o, a/c
coat un abrigo, un saco
cocktail un cóctel

---

a [ah], c [k, c, th], e [eh], g [gh, h], h [-], j [h], ll [y, ll], ñ [ny], u [oo], v [b], y [ee, y], z [s, th];
see also pages iv–vi

cocktail party un cóctel
c.o.d. por cobrar a la entrega (*cóbrese o devuélvase*)
» *c.o.d. is not common in Latin America.*
coffee un café
    two coffees, please dos cafés, por favor
» TRAVEL TIP: *In Latin America coffee is generally much stronger than in the U.S. It is often served in a demitasse.*
cognac coñac
coin una moneda
coincidence una coincidencia
cold frío(a)
    I'm cold tengo frío
    I've got a cold tengo un resfriado, tengo gripe
collaboration la colaboración
collar el cuello
collateral colateral
colleague un(a) colega
collect: I want to collect ... vengo a buscar ...
    (*money*) cobrar
    (*something*) buscar
    (*art*) colleccionar
    to call collect (*Spain*) llamar con cargos revertidos (*L. Am.*) llamar pagando allá
collection (*of debts*) cobranza
    bill for collection una cuenta por cobrar
Colombia Colombia
color un color
    do you have any other colors? ¿tiene otros colores?
comb una peinilla, un peine
come venir
    I/we come from New York yo vengo/nosotros venimos de Nueva York
    we came here last year vinimos aquí el año pasado
    when is he/are they coming? ¿cuándo viene él/vienen ellos?
    come in! ¡entre!
    come on! ¡vamos!

if we come to an agreement si llegamos a un acuerdo
when will you come to see us? ¿cuándo volverá a vernos?
comfortable cómodo
comisión de venta sales commission
comments los comentarios
do you have any further comments? ¿tiene algún comentario adicional?
commerce el comercio
commercial comercial
commission una comisión
commission agent un representante a comisión
on a commission basis bajo comisión
commit: we're fully committed to this project nos hemos dedicado completamente a este proyecto
we've committed a lot of time/money to this project hemos invertido mucho tiempo/dinero en este proyecto
you don't have to commit yourself usted no tiene que comprometerse
I can't commit myself now no puedo comprometerme ahora
commitment: our financial commitments nuestros compromisos financieros
committee el comité
committee meeting una reunión del comité
common stock acciones ordinarias
company una compañía
company car un automóvil de la compañía
company report el informe de la compañía
compañía company
compañía afiliada affiliated company
compañía anónima corporation, stock company
compañía asociada associated company
compañía de responsabilidad limitada limited

---

a [ah], c [k, c, th], e [eh], g [gh, h], h [-], j [h], ll [y, ll],
ñ [ny], u [oo], v [b], y [ee, y], z [s, th];
see also pages iv–vi

liability partnership
compañía filial *subsidiary company*
compare comparar
  compared with comparado con, en comparación con
compensation una compensación
  I demand compensation reclamo una compensación
compete competir
  we can't compete with these prices no podemos competir con estos precios
competent *(qualified, authorized)* competente, calificado, autorizado
  I'm not competent to deal with that no estoy calificado para ocuparme de eso
competition la competencia
  strong competition una fuerte competencia
competitive *(prices, product)* competitivos
competitors: our competitors nuestros competidores, nuestra competencia
complain quejarse
complaint una queja
complete: is the work complete? ¿se ha terminado el trabajo?
  the complete range la gama completa
completely completamente
completion: on completion of the work al terminar el trabajo
complicated: it's very complicated es muy complicado
compliment: my compliments to the chef mis felicitaciones al cocinero
comply: in order to comply with your requests para ajustarnos a su solicitud
component un componente
compra *purchase*
compra a crédito *credit purchase*
compra al contado *cash purchase*
comprobante *voucher*
comprobar *to verify*

computer un(a) computador(a),
   el(la) un(a) ordenador(a) *(Spain)*
computerized computadorizado(a)
concern: we were very concerned to hear this nos
   preocupamos al oír esto
   as far as we are concerned respecto a nosotros
   concerning your letter en relación con su carta
concesión allowance, rebate, concession
concession una concesión
concessionaire un concesionario
conclusion: what's your conclusion? ¿cuál es su
   conclusión?
   we must draw the appropriate conclusions
   debemos llegar a las conclusiones apropiadas
conclusive conclusivo(a)
condition: it's not in very good condition no está en
   muy buenas condiciones
conditional acceptance aceptación condicional
conference una conferencia
conference room *(in hotel)* una sala de conferencias
confidence: we have confidence in . . . tenemos
   confianza en . . .
   this is in confidence esto es confidencial
confidential: this is strictly confidential esto es
   estrictamente confidencial
confirm confirmar
confirmación de pedido order *confirmation*
confirmation la confirmación
   we look forward to receiving confirmation of
   esperamos recibir la confirmación de
confirmed letter of credit una carta de crédito
   confirmada
conforme in *agreement*
conformity: it's not in conformity with no está en
   conformidad con
confuse: you're confusing me me está confundiendo

---

a [ah], c [k, c, th], e [eh], g [gh, h], h [-], j [h], ll [y, ll],
   ñ [ny], u [oo], v [b], y [ee, y], z [s, th];
   see also pages iv–vi

congratulations! ¡felicitaciones!
connection (*air, train*) la conexión
connoisseur un conocedor
conscious consciente
consent: do we have your consent? ¿tenemos su consentimiento?
consequence la consecuencia
    as a consequence of this en consecuencia a esto
consider: we are considering the possibility of ... estamos considerando la posibilidad de ...
    please ask him to consider it pídale que lo considere
    have you considered making any changes? ¿ha pensado usted cambiar alguna cosa?
    it's worth considering vale la pena considerarlo
    considering its age considerando su edad
    all things considered considerando todo
consideration: in consideration of ... considerando ...
    after due consideration of después de prestar la debida consideración a
consigned consignado
consignee el destinatario
consigner el expedidor
consignment el envío
consignment note nota de envío
consul el(la) cónsul
consulate el consulado
consult: I have to consult with ... tengo que consultar con ...
consultancy: consultancy business negocio de consultoría
consultancy fees honorarios por consultoría
    our rates for consultancy nuestras tarifas por consultoría
consultant un consultor
consultation la consulta
    (*discussion*) las conversaciones
consumer el(la) consumidor(a)
consumer goods los bienes de consumo

consumer needs las necesidades de los consumidores
contabilidad accounting
contable accountant
contact: **how can I contact . . . ?** ¿cómo puedo ponerme en contacto con . . . ?
    I'll get in contact soon (with . . .) me pondré en contacto pronto (con . . .)
    please do not hesitate to contact us no vacilen en ponerse en contacto con nosotros
    that was a useful contact ese fue un contacto útil
    he has useful contacts tiene contactos útiles
contador accountant
contador público autorizado/juramentado certified public accountant
contaduría accounting department
container un contenedor
container terminal una terminal de contenedores
contract un contrato
    under the terms of the contract de acuerdo a los términos del contrato
contralor controller
contrato de venta sales contract
contribución contribution, tax
contribution *(to project, etc.)* la colaboración *(financial)* la contribución
contribuyente taxpayer
control: **under our control** bajo control nuestro
    everything is under control todo está bajo control
    the necessary management control los controles necesarios de la administración
    due to circumstances beyond our control debido a circunstancias fuera de nuestro control
    controlling factor el factor determinante
convenience: **at your earliest convenience** tan pronto pueda
convenient conveniente

---

a [ah], c [k, c, th], e [eh], g [gh, h], h [-], j [h], ll [y, ll], ñ [ny], u [oo], v [b], y [ee, y], z [s, th]; see also pages iv–vi

is it convenient for you? ¿le conviene?

convenio agreement

convince: I want to convince you that ... quisiera persuadirle de que ...

cook: it's not cooked no está cocinado

cool fresco(a)

cooperate cooperar, colaborar

cooperation la cooperación, la colaboración

cope: can you cope with the extra demand? ¿puede usted hacer frente a la demanda adicional?

copia copy, carbon copy

copy: 3 copies tres copias, tres ejemplares

   we'll send you a copy (of book) le enviaremos un ejemplar

   please copy head office sírvase enviar una copia a la oficina principal

corner (on street) una esquina

   (of a room) un rincón

   can we have a corner table? ¿nos podrían dar una mesa en esquina?

   corner the market acaparar el mercado

corporación corporation

corporate secretary secretario de la corporación

corporation corporación

correct correcto(a)

corredor broker

corredor de aduana Customs broker

correspond to (relate) corresponder a

correspondence la correspondencia

corretaje brokerage

cost: what does it cost? ¿cuánto cuesta?

   our costs nuestros costos

   at cost a costo

   it's been carefully costed se han determinado los costos cuidadosamente

cost analysis el análisis de costo

Costa Rica Costa Rica

cost-conscious: we must be cost-conscious tenemos que estar conscientes del costo

cost-effective costo económico

cost estimate las estimaciones de costo, el estimado de costo
costing la evaluación del costo
cost price el precio de costo
cotton el algodón
cotton wool el algodón en rama
couchette una litera
could: could you please ...? ¿podría usted ...?
    could I have ...? ¿me podría dar ...?
    we couldn't ... no pudimos ...
    we could try podríamos tratar
country un país
couple: a couple of ... varios(as)
course: in the course of the meeting en el transcurso de la reunión
    in the course of the next 3 months durante los tres próximos meses
    of course por supuesto
court: I'll take you to court lo llevaré a la corte
cover: to cover our costs para cubrir nuestros costos
    insurance cover la protección del seguro
cover charge precio del cubierto
cover letter carta de transmisión
crate embalaje de madera
crazy loco(a)
credit: our account is in credit nuestra cuenta tiene crédito
    to the credit of your account al crédito de su cuenta
    the bank is willing to grant us credit/extend our credit el banco está dispuesto a darnos crédito/extender nuestro crédito
    on the credit side del lado del crédito
    please credit to the following account sírvase acreditar a la cuenta siguiente ...
    we are today crediting to you the sum of ... hoy

---

a [ah], c [k, c, th], e [eh], g [gh, h], h [-], j [h], ll [y, ll],
ñ [ny], u [oo], v [b], y [ee, y], z [s, th];
see also pages iv–vi

le estamos acreditando la suma de ...
credit card la tarjeta de crédito
credit facilities las facilidades de crédito
credit note la nota de crédito
creditor el acreedor
credit references las referencias de crédito
credit terms las condiciones de crédito
credit-worthy digno de crédito, solvente
crisis la crisis
critical-path analysis análisis de ruta crítica, método
    de ruta crítica
criticism una crítica
   we have one criticism tenemos una crítica
criticize criticar
cross: our letters must have crossed in the mail
    nuestras cartas deben haberse cruzado
Cuba Cuba
cup una taza
   a cup of coffee una taza de café
currency la moneda
   in foreign currency en moneda extranjera
   in national currency en moneda nacional
   see currency list page 166
current actual
   the current month el mes en curso
current account una cuenta corriente
current assets el activo corriente
current earnings las ganancias actuales
current liability el pasivo corriente
customer un(a) cliente
customer complaint una reclamación de un cliente
customer service servicio al cliente
custom-made hecho a la medida, pedido especial
Customs la aduana
Customs Authorities el Servicio de Aduana
Customs clearance las formalidades de aduana
Customs duty derecho de aduana
cut: to cut costs reducir los costos
   job cuts reducciones de personal
   there have been cuts all around se han efectuado

reducciones generales
cutback una disminución

D

damage: we'll pay for the damage pagaremos por los daños
    it's damaged está dañado
    damaged in transit dañado en el transporte
damages los daños, los perjuicios
damas ladies
dangerous peligroso(a)
dark oscuro(a)
data los datos, las informaciones
data processing el procesamiento de datos
date: what's the date? ¿cuál es la fecha?
    can we set a date? ¿podemos fijar una fecha?
    on the first of June el primero de junio
    on the fifth of May el cinco de mayo
    in 1985 en mil novecientos ochenta y cinco
» *Except for the 1st of the month use "dos," "tres,"
    etc., and not "segundo," etc.; see numbers on
    pages 163–165*
    date of invoicing la fecha de facturación
    to date we have not ... hasta la fecha no hemos ...
day un día
dead muerto(a)
deadline la fecha límite
    if we meet the deadline si cumplimos con la fecha límite
    if we miss the deadline si no cumplimos la fecha límite
deadlock desacuerdo insuperable
deal *(business)* un convenio, pacto, trato

a [ah], c [k, c, th], e [eh], g [gh, h], h [-], j [h], ll [y, ll],
ñ [ny], u [oo], v [b], y [ee, y], z [s, th];
see also pages iv–vi

but we made a deal pero habíamos llegado a un acuerdo

it's a deal de acuerdo

I think we have a deal creo que hemos llegado a un acuerdo

will you deal with it? ¿puede usted encargarse de esto?

we don't deal in . . . no comerciamos en . . .

dealer un comerciante, un distribuidor

dealership la agencia

dear (expensive) caro(a)

Dear Mr. Garcia, . . . Estimado Sr. García: . . .

Dear Adolfo, . . . Estimado Adolfo: . . .

Dear Sir, . . . Respetado señor: . . .

see also **letter**

debentures las obligaciones

debit: a debit of $1,000.00 un débito de mil dólares

on the debit side en cuenta de débito

we have debited you with . . . se ha incluido un débito en su cuenta de . . .

please debit our account sírvase poner un débito en nuestra cuenta

debt una deuda

December: in December en diciembre

decide: we have decided to . . . hemos decidido . . .

we've decided on . . . nos hemos decidido por . . .

that hasn't been decided yet eso no se ha decidido todavía

decision una decisión

we need a decision today se debe tomar la decisión hoy

decision-maker quien decide

declaración declaration

declaración jurada sworn declaration, sworn statement, affidavit

declare: nothing to declare nada que declarar

decrease (in sales, etc.) una disminución

deep profundo(a)

defect un defecto

defective defectuoso(a)

defendant el(la) demandado(a), el(la) acusado(a)
déficit deficit, deficiency
definite definitivo(a)
    it is not definite yet no es definitivo todavía
definitely definitivamente
    definitely not definitivamente no
delay el atraso
    the flight was delayed se atrasó el vuelo
deliberately deliberadamente
delicate delicado(a)
delicious delicioso(a)
deliver: when can you deliver? ¿cuándo puede
    efectuar la entrega?
delivery *(of goods)* la entrega
    to take delivery of ... tomar la entrega de ...
delivery date la fecha de entrega
    what sort of delivery are you looking for? ¿qué
    tipo de entrega desea usted?
    is there another mail delivery? ¿hay otra
    distribución de correo?
deluxe de lujo
demand *(for goods)* la demanda
    (not) in demand (poca) demanda
demanda *(legal)* suit, *(business)* demand
demonstration *(of gadget)* una demostración
dentist un dentista
deny: I deny it lo niego
department store un almacén grande
departure la partida
depend: it depends depende
    it depends on him depende de él
    you can depend on it usted puede contar con esto
deposit un depósito
    do I have to leave a deposit? ¿tengo que dejar un
    depósito?
    15% deposit depósito de quince por ciento

a [ah], c [k, c, th], e [eh], g [gh, h], h [-], j [h], ll [y, ll],
    ñ [ny], u [oo], v [b], y [ee, y], z [s, th];
    see also pages iv–vi

depot un depósito, un almacén
depreciación depreciation
depreciación acumulada accrued depreciation
depreciation la depreciación
  (*in books*) la amortización
depressed (*market*) bajo
derecho civil civil law
derecho mercantil commercial law
describe describir
description una descripción
descuento discount, rebate, allowance
desembolso disbursement, expenditure
desfalco defalcation, embezzlement
desirable: it would be desirable if . . . sería
  conveniente si . . .
dessert un postre
destination la destinación
detail un detalle
    let's discuss the details conversemos sobre los
    detalles
    I want to study this in detail deseo estudiar esto
    en detalle
    a detailed account un informe detallado
detour un desvío
deuda debt
devalued devaluado(a)
develop (*a business*) desarrollar
    a developing market un mercado en expansión
development (*of business*) el desarrollo, la expansión
    recent development un desarrollo reciente
    an unexpected development un suceso imprevisto
    development loan (*aid*) un préstamo (asistencia)
    para desarrollo
devolución de compras purchase return
diagram un diagrama
diamond un diamante
diary un diario, un calendario
dictaphone un dictáfono
dictionary un diccionario
diesel (*fuel*) diesel

diet una dieta
    I'm on a diet estoy a dieta
difference una diferencia
    the price difference la diferencia en el precio
    the main difference between our contracts is . . .
    la diferencia principal entre nuestros contratos
    es . . .
    it doesn't make any difference no importa
different: they are different ellos son diferentes
    can I have a different room? ¿pueden darme otra
    habitación?
differently diferentemente
difficult difícil
difficulty una dificultad
    we're having difficulties with . . . tenemos
    dificultades con . . .
dinero money, currency, *wealth*
dining room comedor
dinner *(evening)* la cena
direct directo(a)
    if they want to buy direct from us si ellos desean
    comprar directamente de nosotros
direction la dirección
    the direction in which things are moving in la
    dirección que han tomado las cosas
    follow the directions siga las indicaciones
director un director
directory un directorio
dirty sucio(a)
disadvantage una desventaja
disappear desaparecer
disappointing decepcionante
discount un descuento
    cash discount un descuento en efectivo
    reseller's discount descuento de revendedor
discreet: please be discreet por favor, sea discreto

---

a [ah], c [k, c, th], e [eh], g [gh, h], h [-], j [h], ll [y, ll],
ñ [ny], u [oo], v [b], y [ee, y], z [s, th];
see also pages iv–vi

discrepancy una discrepancia
discretion: we'll leave it to your discretion lo
  dejamos a su discreción
  at your discretion a su discreción
discuss conversar, intercambiar ideas, discutir
discussion la conversación, la discusión
dishonest falto de honradez
display: the items on display los artículos expuestos
display pack un paquete de presentación
distance la distancia
  in the distance a lo lejos
distribution la distribución
distribution network la red de distribución
distribution rights los derechos de distribución
distributor el distribuidor
distributor discount el descuento del distribuidor
distributorship el contrato de distribución
disturb: the noise is disturbing el ruido molesta
divest *(department)* desposeer
dividend un dividendo
divorced divorciado(a)
do hacer
  how do you do? ¿cómo está?
  what are you doing tonight? ¿qué va a hacer esta
  noche?
  how do you do it? ¿cómo lo hace?
  I've never done it before nunca lo he hecho
  we're doing everything we can estamos haciendo
  todo lo posible
  what are you doing about it? ¿qué está haciendo
  sobre eso?
  it won't do no funcionará
  don't, didn't *see* **not**
doctor un doctor
  I need a doctor necesito un doctor
document un documento
documentary credit crédito documentario
documentation una documentación
dollar el dólar
Dominican Republic República Dominicana

door la puerta
double: double room una habitación doble
   double whiskey un whisky doble
   at double the cost al doble del costo
   double-check verificar
down bajo, abajo
   sales are down from last year las ventas son
   menores que el año pasado
   to keep/get costs down mantener/reducir los
   costos
   sales are down 15% las ventas han bajado en un
   quince por ciento
down market mercado bajo
down payment el pago inicial
downtown el centro
dozen una docena
   half a dozen media docena
draft *(negotiable bill)* un giro
   (of contract, etc.) un borrador
   draft agreement pro forma de acuerdo
drastic drástico(a)
draw *(money)* girar
   a bill drawn on ... un giro sobre ...
drawback un inconveniente
drawee librado
drawer *(person)* el librador
drawing *(plan, etc.)* un plano
draw up *(documents)* redactar
   incorrectly drawn up mal redactado
dress un vestido
drink: would you like a drink? ¿desea beber algo?
   I don't drink yo no bebo
drive manejar, guiar
   I've been driving all day he manejado todo el día
   you drive a hard bargain usted es duro en los
   negocios

---

a [ah], c [k, c, th], e [eh], g [gh, h], h [-], j [h], ll [y, ll],
   ñ [ny], u [oo], v [b], y [ee, y], z [s, th];
     see also pages iv–vi

» TRAVEL TIP: *In some countries, when the vehicle coming toward you flashes its headlights, it means that you will soon be passing an area where a policeman is staked out to catch speeders.*

driver el(la) conductor(a)

driver's license la licencia de conducir

drop: a drop in sales/output una disminución en ventas/producción

drugstore farmacia

drunk borracho, ebrio

dry seco(a)

dry cleaning lavado en seco

dry cleaner tintorero

due: when is the bus due? ¿cuándo debe llegar el autobús?

    the next payment is due on . . . el próximo pago se vence el . . .

    it falls due . . . se vence el . . .

    due to . . . debido a . . .

    in due course a su debido tiempo

during durante

dutiable sujeto al pago de impuestos

duties (*import, etc.*) un impuesto, un derecho

duty-free libre de impuestos

dynamic dinámico(a)

E

each: can we each have one? ¿podemos tomar uno cada uno?

    how much are they each? ¿cuánto cuesta cada uno?

early temprano

    we want to leave a day earlier deseamos partir un día antes

    next month at the earliest lo más pronto sería el mes próximo

east el este

Easter: at Easter en la Pascua de Resurrección

easy fácil
eat: something to eat algo que comer
economic económico(a)
economic forecast las proyecciones económicas
economy: the economy la economía
Ecuador Ecuador
edificio building
efectivo money, *cash*
efectos por cobrar notes receivable
efectos por pagar notes payable
effect *(consequence)* el efecto
   it comes into effect entra en vigor
   with immediate effect con efecto inmediato
   with effect as of next month efectivo el mes
   próximo
   no longer in effect ya no está vigente
effective *(measures)* eficaz
effectively *(in effect)* efectivamente
efficiency eficiencia
efficient eficiente, eficaz
effort un esfuerzo
   thank you for your efforts gracias por sus
   esfuerzos
   we shall spare no effort haremos todo lo posible
e.g. por ejemplo
either: either ... or o ... o
   I don't like either no me gusta ni el uno ni el otro
elastic elástico(a)
electric eléctrico(a)
electrician un electricista
electricity la electricidad
electronic electrónico(a)
elegant elegante
elevator ascensor
   the elevator isn't working el ascensor no funciona
El Salvador El Salvador

---

a [ah], c [k, c, th], e [eh], g [gh, h], h [-], j [h], ll [y, ll],
ñ [ny], u [oo], v [b], y [ee, y], z [s, th];
see also pages iv–vi

else: something else algo más
    let's go somewhere else vamos a otro lugar
    who else? ¿quién más?
    or else de otro modo
embarrassed avergonzado(a)
embarrassing vergonzoso(a)
embarque shipment
embassy la embajada
emergency una emergencia
emisión issue
emisión de acciones stock issue
emphasis: we put the emphasis on ... ponemos
    énfasis en ...
emphasize enfatizar
empleado employee
employ emplear
employee un(a) empleado(a)
employer el patrón, la compañía que emplea
employment el empleo
    the people in your employment sus empleados
    to create employment crear empleos
empresa enterprise
empréstito loan
empty vacío(a)
enclose: I enclose with my letter ... adjunto a mi
    carta ...
enclosed: please find enclosed ... se adjunta ...
    the enclosed check el cheque adjunto
end el fin
    where does it end? ¿cuándo termina?
engagement: a prior engagement un compromiso
    anterior
engine un motor
engineer un ingeniero
engineering (*designer, consulting*) la ingeniería
    (*civil engineering*) ingeniería civil
    very advanced engineering una tecnología muy
    avanzada
    some engineering problems algunos problemas
    técnicos

England Inglaterra
English inglés(a)
   the English los ingleses
enormous enorme
enough suficiente
   not big enough no es suficientemente grande
   not enough money no es suficiente dinero
   thank you, that's enough gracias, es suficiente
ensure: please ensure that . . . sírvase asegurar
   eso . . .
entail: this will entail . . . esto implicará . . .
entertainment: what is there in the way of
   entertainment in the evening? ¿qué actividades
   interesantes hay para la noche?
entertainment allowance una asignación para gastos
   de representación
entitle: you will be entitled to . . . usted tendrá
   derecho a . . .
entrance la entrada
entrega delivery
entry la entrada
   (in books) un asiento
envelope un sobre
envisage: do you envisage any immediate changes?
   ¿contemplan ustedes algún cambio inmediato?
equipment el equipo
   electrical equipment un equipo eléctrico
equities *(stock)* acciones ordinarias
equity equidad
equivalent: that is the equivalent of . . . es el
   equivalente de . . .
error un error
   sent to you in error enviado a usted por error
escritura deed
escritura de constitución articles of incorporation
escritura de venta bill of sale

---

a [ah], c [k, c, th], e [eh], g [gh, h], h [-], j [h], ll [y, ll],
   ñ [ny], u [oo], v [b], y [ee, y], z [s, th];
     see also pages iv–vi

España Spain
especially especialmente
essential esencial
    it is essential that ... es esencial que ...
establish: we have established that ... hemos
    determinado que ...
estado statement
estado civil status (single, married, etc.)
estado de cuenta statement of account
estado de pérdidas y ganancias profit and loss
    statement
estados financieros financial statements
estimación de costos cost estimate
estimado de costos cost estimate
estimate (quotation) un estimado, una estimación
    what's your estimate? ¿cuál es su estimación?
    we estimate that ... estimamos que ...
    we estimate it at ... lo estimamos en ...
    estimated costs costos estimados
    sales estimate estimación de ventas
Europe Europa
European europeo(a)
even: even the Americans hasta los americanos
evening: in the evening por la noche
    good evening buenas noches
    this evening esta noche
evening dress (woman's) un traje de noche, un
    vestido de noche
ever: have you ever been to ...? ¿ha estado usted
    alguna vez en ...?
every cada
    every day todos los días
everyone cada uno
    is everyone here? ¿están todos aquí?
everything todo
    everything we've tried todo lo que hemos
    ensayado
everywhere por todas partes
evidence una evidencia
    a piece of evidence una evidencia

exact exacto(a)
exactly exactamente
exactly! ¡exactamente!
example un ejemplo
  for example por ejemplo
exceed exceder
  not exceeding $500.00 sin exceder quinientos
  dólares
excellent excelente
except excepto
exception una excepción
  as an exception como una excepción
  we can't make any exceptions no podemos hacer
  excepciones
excess (*insurance*) el excendente
  excess baggage exceso de equipaje
  excess fare exceso de tarifa
exchange (*money*) el cambio
  (*telephone*) la central
  a useful exchange of ideas un útil intercambio de
  ideas
  exchange rate la tasa de cambio
exciting (*idea, enterprise*) interesante
excuse: excuse me discúlpeme
  I offer no excuses no le pido disculpas
executive un(a) ejecutivo(a)
  senior executive un(a) ejecutivo(a) principal
ex factory franco en fábrica
ex gratia como un favor
exhausted exhausto(a)
exhibition una exhibición, una exposición
exhibitor un expositor
exit la salida
expect esperar
  we didn't expect that no esperábamos eso
  larger than expected más grande de lo anticipado

---

a [ah], c [k, c, th], e [eh], g [gh, h], h [-], j [h], ll [y, ll],
ñ [ny], u [oo], v [b], y [ee, y], z [s, th];
see also pages iv–vi

expenditure el gasto
expense el gasto
   at your/our expense a su/nuestro costo
   it's on expenses va sobre los gastos
expense account los gastos de representación
expensive caro(a)
experience la experiencia
   in our experience en base a nuestras experiencias
experienced con experiencia
experiment experimentar
experimental: an experimental model un modelo
   experimental
expert un experto
expiration: the expiration of the contract la
   expiración del contrato
expiration date la fecha de expiración
expire: it expires next month expira el mes próximo
explain explicar
   will you explain that slowly? ¿podría usted
   explicar eso lentamente?
explanation una explicación
export (noun) la exportación
   (verb) exportar
export director el director de exportaciones
export documents los documentos de exportación
export drive una campaña de exportación
export license la licencia de exportación
export manager el gerente de exportación
export sales ventas para la exportación
express (send) por expreso
extend (deadline) extender
   an extension of the deadline una extensión de la
   fecha límite
extra adicional
   an extra cost un costo adicional
   an extra month un mes adicional
   is that extra? ¿es eso adicional?
extremely extremadamente
ex warehouse franco an almacén
ex works franco en fábrica

F

fábrica factory
fabricante manufacturer
face la cara
facility: we don't have the facilities to ... no estamos equipados para ...
facsimile see **fax**
fact un hecho
fact-finding tour un viaje de indagación
factor *(element)* un factor
factory una fábrica
factsheet una hoja descriptiva
factura invoice
Fahrenheit Fahrenheit
» *to convert F to C:* $(F - 32) \times 5 \div 9 = C$

Fahrenheit	23	32	50	59	70	86	98.4
centigrade	−5	0	10	15	21	30	36.9

fail: if we fail to meet the targets si no alcanzamos los objetivos
failing: failing that si eso falla
failure un fracaso
failure rate la tasa de fracaso
faint: she's fainted ella se desmayó
fair[1] una feria
   book fair la feria del libro
fair[2] justo(a), equitativo(a)
   that's not fair eso no es justo
faithfully: yours faithfully muy atentamente,
   see also **letter**
fake falso(a)
fall *(season)* el otoño
fall caer
   prices/sales are falling los precios/las ventas están bajando
   falling demand demanda en disminución
   output fell to ... la producción bajó a ...

---

a [ah], c [k, c, th], e [eh], g [gh, h], h [-], j [h], ll [y, ll],
ñ [ny], u [oo], v [b], y [ee, y], z [s, th];
see also pages iv–vi

we can always fall back on ... siempre podemos recurrir a ...
false falso(a)
famous famoso(a)
fan *(electric)* el ventilador
far lejos
  is it far? ¿está lejos?
  how far is it? ¿a qué distancia queda?
fare el precio del billete
farmacia de guardia pharmacist on duty
f.a.s. *(free alongside)* libre al costado del barco
fascinating fascinante
fashion la moda
fast rápido(a)
  don't speak so fast no hable tan rápido
fault una falta, la culpa
  it's not our fault no es culpa nuestra
faulty defectuoso(a)
favor: credit in your/our favor crédito a su/nuestro favor
  we would favor ... preferiríamos ...
favor: por favor, ... please, ...
favorable *(conditions, terms)* favorable
  we look forward to a favorable reply esperamos una respuesta favorable ...
  if we get a favorable reaction si obtenemos una reacción favorable
favorite favorito(a), preferido(a)
  our favorite method nuestro método favorito
fax: by fax por telecopiadora
feature *(of product)* una característica
  one of the main features of ... una de las características principales de ...
February: in February en febrero
fecha date
» TRAVEL TIP: In Latin American countries the day comes before the month in a date: 31/1/1986
fee *(for license, etc.)* los derechos
  (consultant's) los honorarios
  what's your fee? ¿cuáles son sus honorarios?

feedback una reacción
    could you give me some feedback? ¿podría
    decirnos cuál es su reacción?
feel: I feel certain estoy seguro(a)
    I feel tired me siento cansado
    I don't feel well no me siento bien
    I feel like ... quisiera ...
felt-tip pen una pluma con punta de fieltro
ferry transbordador
few poco(a)
    few people poca gente
    only a few solamente unos cuantos
    a few days unos cuantos días
    fewer than menos de
fiasco un fiasco
field: our people in the field nuestro personal en el
    campo
    in the field of ... en el campo de ...
fieldwork trabajo de campo
fierce (*competition*) fuerte
fifty-fifty un cincuenta por ciento
figure una cifra
    let's look at the figures examinemos las cifras
    the figures are quite clear las cifras están muy
    claras
    sales figures las cifras de venta
»   *TRAVEL TIP: Decimal point and comma change*
    places in figures: $1,200.50 =$1.200,50 see
    numbers pages 163–165
file (*folder, box file, etc.*) un archivador
    (*index*) un fichero índice
    (*report*) un archivo
    they're not on file no están en el archivo
filial subsidiary
fill llenar
    to fill out a form llenar un formulario

---

a [ah], c [k, c, th], e [eh], g [gh, h], h [-], j [h], ll [y, ll],
ñ [ny], u [oo], v [b], y [ee, y], z [s, th];
see also pages iv–vi

film una película
fin end
final final
    final reminder un recordatorio final, un aviso
    final
    final offer la oferta final
    final draft el borrador final
finalize finalizar
    we're still finalizing our plans estamos
    finalizando nuestros planes
    another two weeks to finalize matters dos
    semanas más para finalizar los asuntos
finance *(a project)* financiar
    extra finance financiamiento adicional
finance director director de finanzas
financial financiero(a)
    the financial report el aspecto financiero
    financial assistance una asistencia financiera
    it makes financial sense tiene sentido desde el
    punto de vista financiero
    the last financial year el último año financiero
financially financieramente
    financially sound financieramente sólido
find encontrar
    if you find it . . . si usted lo(a) encuentra . . .
    I've found a . . . he encontrado un . . .
fine: a $50.00 fine una multa de cincuenta dólares
    OK, that's fine de acuerdo, está bien
finish: I haven't finished no he terminado
    well/poorly finished goods productos de
    buen/mal acabado
fire un incendio
    fire! ¡fuego!
    he's been fired lo han despedido
firm *(enterprise)* una firma
    a firm offer una oferta firme
    a firm order un pedido firme
    we need firmer control necesitamos un control
    más firme
firma signature, firm

firm up: we want to firm up this contract deseamos
   confirmar este contrato
first primero(a)
   I was first yo estaba primero
   at our first meeting en nuestra primera reunión
   in the first place en primer lugar
   at first en un principio
first class primera clase
first name nombre
» TRAVEL TIP: *In Latin America and Spain the use of
   first names is less generalized than in the United
   States; best let the Spanish-speaking person lead
   the way on matters relating to the use of first or
   last names.*
fit: not fit for use no puede utilizarse
   we'll fit a new part adaptaremos una pieza nueva
   it doesn't fit no encaja, no es apropiado(a)
   can you fit us in tomorrow? ¿podría vernos
   mañana?
fix *(arrange, repair)* arreglar
   (date, meeting) fijar
flat plano(a)
flat rate tarifa única
flavor el sabor
flete freight
flete marítimo ocean freight
flete pagado por adelantado prepaid freight
flexible flexible
flight number el número de vuelo
float *(dollar)* hacer flotar
floor el piso
   on the second floor en el segundo piso
floppy disk *(computers)* un disco flexible
flourishing próspero(a)
flow: the flow of work el progreso del trabajo
flowchart una gráfica de flujo

a [ah], c [k, c, th], e [eh], g [gh, h], h [-], j [h], ll [y, ll],
   ñ [ny], u [oo], v [b], y [ee, y], z [s, th];
   see also pages iv–vi

flower una flor
flu la gripe
fluctuations las fluctuaciones
fluent: he speaks fluent Spanish el habla español con
    fluidez
FMI Fondo Monetario Internacional
f.o.b. libre a bordo (L.A.B.)
foggy con neblina
folder (*file*) un archivo, un legajo
follow seguir
    follow the instructions siga las instrucciones
    we'll follow it up lo proseguiremos
    would you follow up on this? ¿podría usted
    proseguir con esto?
follow-up: what sort of follow-up are you planning?
    ¿qué tipo de procedimiento tiene planeado?
    follow-up publicity publicidad reiterada
fondo rotativo revolving fund
food la comida, el alimento
food poisoning una intoxicación por alimentos
fool un(a) tonto(a)
foot el pie
»   *1 foot = 30.1 cm = 0.3 meters*
f.o.r. franco sobre vagón
for por, para
    (*during*) durante
    for 3 months now desde hace tres meses
    valid for 3 years válido durante tres años
    I'm for the idea estoy de acuerdo con la idea
forbidden prohibido(a)
forecast: our production forecast nuestros
    pronósticos de producción
    the forecast sales level el pronóstico del nivel de
    ventas
foreign extranjero(a)
foreign exchange el cambio extranjero
foreign-exchange market el mercado de cambio
    extranjero
foreigner un(a) extranjero(a)
foresee anticipar

forget olvidar
   I've forgotten he olvidado
   don't forget no olvide
fork un tenedor
form (*documento*) un formulario
formal formal, oficial
formal acceptance la aceptación oficial
formal agreement un acuerdo oficial
format el formato
   in a new format en un formato nuevo
former: the former arrangement el acuerdo anterior
   the former . . . the latter aquel . . . éste
formula una fórmula
forthcoming (*visit, etc.*) futura, próxima
fortunately afortunadamente
forward hacia adelante
forwarding address dirección de reenvío
   could you forward my mail? ¿podría enviarme mi
   correo?
forwarding agent agente expedidor
forwarding instructions instrucciones de envío
found (*a company*) fundar
fragile frágil
framework (*for arrangements*) el cuadro
   within the framework of dentro del cuadro de
franchise franquicia
frank: I'll be frank seré franco(a)
franqueo postal postage
fraud el fraude
freak (*result, etc.*) raro(a)
free gratuito(a)
   (*free of charge*) gratuito(a)
   admission free entrada libre
   when will he be free? ¿cuándo estará libre él?
   one free for every twelve ordered uno(a)
   gratuito(a) por cada docena que se pida

---

a [ah], c [k, c, th], e [eh], g [gh, h], h [-], j [h], ll [y, ll],
ñ [ny], u [oo], v [b], y [ee, y], z [s, th];
see also pages iv–vi

free port un puerto libre
free sample una muestra gratis
freelance independiente
freight flete
freight charges los costos de transporte
freight collect flete por cobrar
freight forwarder expedidor de fletes
frequent frecuente
Friday viernes
friend un(a) amigo(a)
friendly amistoso(a)
from de
    from the U.S.A. de EE.UU.
    where is it from? ¿de dónde viene?
    from June 14 a partir del catorce de junio
    from then on a partir de ese momento
    from $250.00 desde doscientos cincuenta dólares
front *(of building)* la fachada
    in front (of) delante (de)
    in the front en la parte delantera
    10% up front diez por ciento de anticipo
    how much up-front cash? ¿cuánto de anticipo?
fruitful *(talks)* fructuoso(a)
frustrating deprimente
fulfill *(conditions)* cumplir (con)
full lleno(a)
full-time *(work)* de tiempo completo
fun: it's fun es divertido
    we'll have fun lo pasaremos bien
funcionario officer
function *(role)* la función
fundamental fundamental
funny cómico(a)
furniture los muebles
further más, más allá
    further information información adicional
    for further details write to ... para mayores
    detalles, escriba a ...
    further to your letter of ... en relación con su
    carta del ...

future futuro(a)
  in the future en el futuro
futures (shares) los futuros

G

gain: a gain of 15% un aumento de quince por ciento
gallon un galón
» 1 gallon = 3.79 liters
gamble: it's a gamble constituye un riesgo
ganancias profit, income, earnings
ganacias brutas gross profit, gross earnings
ganacias netas net profits, net earnings
gap (in market) un vacío
garage un garaje
gas el gas, la gasolina
gas station una estación de gasolina
  YOU MAY SEE OR HEAR ...
  super = high octane (super)
  normal = regular octane
  ¿quiere llenarlo? do you want it filled up?
» TRAVEL TIP: In some countries, the pump attendant
  will expect a tip if he wipes your windshield.
gear el equipo, el material
  (in engine) una velocidad
general general
generally generalmente
general manager el gerente general, el director
  general
generate (demand) crear
generous generoso(a)
genious un genio
gentleman un señor
gentleman's agreement un acuerdo de caballeros
genuine genuino(a)

---

a [ah], c [k, c, th], e [eh], g [gh, h], h [-], j [h], ll [y, ll],
  ñ [ny], u [oo], v [b], y [ee, y], z [s, th];
    see also pages iv–vi

gesture un gesto
get: will you get me a . . . ? ¿podría buscarme
  un(a) . . . ?
  how do I get to . . . ? ¿cómo puedo llegar a . . . ?
  where do I get off? ¿dónde me bajo?
  where do you get your supplies? ¿de dónde
  obtienen sus suministros?
  you can't get them any cheaper no pueden
  conseguirlos más baratos
  where did you get it from? ¿dónde lo obtuvo?
  I'll get him to look at it haré que él lo examine
  we're not getting anywhere no estamos llegando a
  ningún lado
get back: when can I get it back? ¿cuándo me lo
  devolverán?
  when do we get back? ¿cuándo regresaremos?
  I'll get back to you me pondré en contacto con
  usted
gift un regalo
gilt-edged shares acciones de primera clase
gin la ginebra
  gin and tonic una ginebra con tónica
girl una niña, una muchacha
giro bancario bank draft
give dar
  I gave it to him yo se lo dí a él
  could you give us . . . ? ¿podría darnos . . . ?
  I'm practically giving it away prácticamente, lo
  estoy regalando
glad contento(a)
  we were glad to hear that . . . nos alegró saber
  que . . .
glass un vaso, el vidrio
  a glass of water un vaso de agua
glasses los anteojos, las gafas, los lentes
glue la goma
go ir
  I'm going there tomorrow yo voy para allá
  mañana
  he's going to Los Angeles next month el irá a Los

Angeles el mes próximo
we/they are going together nosotros vamos/ellos van juntos
where are you going? ¿a dónde va usted?
I went there last week yo fui allá la semana pasada
I'm going to check voy a verificar
it goes against our policy va contra nuestra política
when does the train go? ¿cuándo parte el tren?
he's/it's gone partió
it's going well/badly va bien/mal
go ahead: we intend to go ahead with ... tenemos la intención de seguir adelante con ...
if you give us the go-ahead si usted nos da la orden de proseguir
goal (*objective*) el objetivo
go along: I'll go along with that yo estaría de acuerdo con eso
go back on: you're going back on what you said/what we agreed usted se está echando atrás en relación con lo que usted dijo/lo que acordamos
go down (*costs, sales*) bajar, disminuir
they're going down big in the U.S. (*successful*) tienen mucho éxito en EE.UU.
go for: we should be going for 20% nuestro objectivo debe ser veinte por ciento
go into: let's go into this in detail examinemos esto en detalle
go on: if things go on like this si esto continúa de esta forma
go over: I want to go over the plans/results deseo examinar los planes/resultados
go through: let's go through the figures/plans again examinemos nuevamente las cifras/los planes

---

a [ah], c [k, c, th], e [eh], g [gh, h], h [-], j [h], ll [y, ll],
ñ [ny], u [oo], v [b], y [ee, y], z [s, th];
see also pages iv–vi

go up (*prices*) subir
gold el oro
gold standard patrón oro
» TRAVEL TIP: *Many countries use the English term
    "gold standard."*
golf el golf
good bueno(a)
good! ¡muy bien!
goodbye adiós
goods las mercancías
goodwill (*of business*) reputación comercial, activo
    nominal
go-slow trabajo lento
government el gobierno
government subsidies subsidio gubernamental
grace period período de gracia
grade (*of goods*) la calidad
gradually gradualmente
gram un gramo
» *100 grams = approx. 3½ oz.*
grant: we can grant an extension of . . . podemos
    conceder una extensión de . . .
    to grant somebody credit conceder crédito a
    alguien
grateful agradecido(a)
    I'm very grateful to you le estoy muy
    agradecido(a)
gratitude la gratitud
gray gris
great grande
    (*very good*) excelente
    great! ¡muy bien!
greedy codicioso(a)
green verde
grim (*outlook, meeting*) malo, deprimente
gross bruto(a)
gross margin el margen bruto
gross profit la ganacia bruta
ground: to help you get this off the ground para
    ayudarlo a comenzar esto

on the ground en el suelo
on the ground floor en el primer piso
grounds: we have grounds for complaint tenemos
bases para quejarnos
groundwork el trabajo de preparación
group grupo
grow crecer
a growing company una compañía en expansión
growth el crecimiento
a growth industry una industria en expansión
guarantee una garantía
(security) una garantía
is there a guarantee? ¿hay una garantía?
it's guaranteed for 2 years está garantizado por
dos años
I can guarantee that lo puedo garantizar
guaranteed loan un préstamo garantizado
Guatemala Guatemala
guess adivinar
at a guess I'd say ... yo diría que ...
it's just a guess es solamente una conjetura
guesstimate un cálculo estimativo
guest un(a) huésped
guide un(a) guía
guidelines las guías, las pautas
guilty culpable
Gulf: the Gulf el Golfo (de México)

H

hair los cabellos
is there a hairdresser/barber here? ¿hay un
peluquero/barbero aquí?
half la mitad
in the first half of 1985 en el primer semestre de
mil novecientos ochenta y cinco

---

a [ah], c [k, c, th], e [eh], g [gh, h], h [-], j [h], ll [y, ll],
ñ [ny], u [oo], v [b], y [ee, y], z [s, th];
see also pages iv–vi

for the past half year durante los últimos seis
meses
at half price a mitad de precio
half the size la mitad del tamaño
we need half as much again necesitamos una vez
y media esto
one and a half uno y medio
hand la mano
it has been put in hand nos ocupamos de esto
with everything at hand con todo a mano
the job's in safe hands el trabajo está en buenas
manos
handbag una bolsa de mano
handicapped incapacitado(a), inválido(a)
handkerchief un pañuelo
handle la agarradera
we can handle that podemos encargarnos de eso
who handled the order? ¿quién se ocupó de la
orden?
handle with care manipular con cuidado
handling charge gastos de manipulación
damaged in handling dañado durante la
manipulación
hand luggage las valijas de mano
handmade hecho a mano
handy (*gadget*) práctico
hangover resaca, goma, cruda
» TRAVEL TIP: *This is a very colloquial term and
varies widely in the different Spanish-speaking
countries.*
happen: I don't know how it happened no se como
sucedió
what's happening? ¿qué está sucediendo?
what happened? ¿qué sucedió?
happy contento(a)
we would be happy to do ... con gusto
haríamos ...
hard duro(a)
hardly difícilmente
hard sell una venta agresiva

hardware la ferretería, el equipo
harm: it can't do any harm (to ...) no puede causar
daño (a ...)
harmonious armonioso(a)
hate: I hate ... yo detesto ...
   I hate to have to tell you, but ... lamento tener
que decirle, pero ...
have tener
   I have no time no tengo tiempo
   he has no time él no tiene tiempo
   we/they have enough money nosotros
tenemos/ellos tienen suficiente dinero
   do you have any ideas? ¿tiene usted alguna idea?
(informal) ¿tienes tú alguna idea?
   I had, you had, etc. yo tuve, usted tuvo, *(informal:*
tú tuviste), él(ella) tuvo, nosotros tuvimos,
vosotros tuvisteis, ustedes tuvieron, ellos(ellas)
tuvieron
   we've had problems hemos tenido problemas
   can I have some water? ¿puede darme agua?
   I have to leave tomorrow tengo que partir mañana
   when can you let us have it by? ¿para cuándo
podrían entregárnoslo?
   I'll have it sent haré que se lo envíen
   to have something done hacer que se haga algo
he él
head la cabeza
   the person heading up the team/the operation la
persona que dirije el equipo/la operación
   the head of this department el jefe de este
departamento
headache un dolor de cabeza
head office la oficina principal
headquarters las oficinas centrales
health la salud
   to your health! ¡a su salud!

---

a [ah], c [k, c, th], e [eh], g [gh, h], h [-], j [h], ll [y, ll],
ñ [ny], u [oo], v [b], y [ee, y], z [s, th];
see also pages iv–vi

hear oír
  we have heard that ... hemos oído que ...
  hear, hear! ¡muy bien!
heart attack un ataque del corazón
heat el calor
heated (*discussion*) acalorado(a)
heating la calefacción
heavily (*overdrawn, etc.*) muy
heavy pesado(a)
hedge: as a hedge against inflation como una
  protección contra la inflación
height la altura
hello hola
» TRAVEL TIP: *As a greeting word, "hola" is very
  informal. "Buenos días (tardes, noches)" should be
  used in business meetings.*
help ayudar
  can you help us? ¿puede ayudarnos?
  if you need any help si usted necesita ayuda
  alguna
  help! ¡ayuda!
helpful útil
her: I know her yo la conozco
  give her ... déle a ella ...
  will you give it to her? ¿podría dárselo(a) a ella?
  it's her es ella
  see also **my**
here aquí
  come here venga acá
heredero heir
herencia inheritance
hesitate vacilar
  please don't hesitate to get in touch por favor no
  vacile en ponerse en contacto
hide esconder
  no hidden extras no hay adiciones escondidas
high alto(a)
  higher más alto(a)
  the highest offer la oferta más alta
high-level (*talks*) de alto nivel

high powered muy potente
highway carretera
» *TRAVEL TIP: Highway speed limits are not always posted. Be sure to find out what the speed limit is on the highway itself for the country you are visiting, as well as the speed limit for highways crossing a town. Be extra careful where lanes merge.*
hill una colina
   (on road) una cuesta
him: I know him yo lo conozco
   give him ... déle a él ...
   will you give it to him? ¿podría dárselo(a) a él?
   it's him es él
hindsight: with hindsight en retrospecto
hire *(employee)* emplear
his *see* **my**
history el historial, la historia
hit *(car, etc.)* golpear, chocar
   we've been badly hit by ... hemos sido afectados gravemente por ...
hitch: there's been a slight hitch se ha tenido una pequeña dificultad
hold sostener
   hold this sostenga esto
   they hold 15% of the shares ellos tienen el quince por ciento de las acciones
hold up: production has been held up la producción ha tenido retrasos
   sorry, I was held up lo siento, me detuvieron
hole un agujero
holiday las vacaciones
   next Monday is a holiday el lunes próximo es feriado
   see **public holiday, vacation**
home: at home en mi casa (en casa)

---

a [ah], c [k, c, th], e [eh], g [gh, h], h [-], j [h], ll [y, ll], ñ [ny], u [oo], v [b], y [ee, y], z [s, th];
see also pages iv–vi

my home address la dirección de mi casa
when we get home cuando lleguemos a casa
Honduras Honduras
honest honrado(a)
honestly? ¿verdad?
honor (*bill, commitments*) pagar, cumplir con
honorarios fees
honorarios legales legal fees
hope esperar
   I hope that ... espero que ...
   I hope so/not espero que sí/no
hospital un hospital
hospitality: thank you for your hospitality gracias
   por su hospitalidad
host el anfitrión
hostess la anfitriona
hot caliente
   they're selling like hot cakes se están vendiendo
   rápidamente
hotel un hotel
   at my hotel en mi hotel
hour una hora
   see also **time**
hourly (*rate*) por hora
house una casa
how cómo
   how many cuántos
   how much cuánto
   how long (*time*) cuánto tiempo
   how long/wide is it? ¿qué tan largo es/ancho es?
   how often (*precisely*) ¿con cuánta frecuencia?
   how often do you go there? ¿con cuánta
   frecuencia va usted allá?
   how long have you been with this company?
   ¿cuánto tiempo ha trabajado usted en esta
   compañía?
   how are you? ¿cómo está usted?
however sin embargo
   however much we try ... aun cuando tratamos
   mucho ...

huelga strike
huelga de brazos caídos sit-down strike
hungry: I'm hungry tengo hambre
    I'm not hungry yo no tengo hambre
hurry: I'm in a hurry tengo prisa
    please hurry! ¡apúrese!
    there's no hurry no hay apuro
    if you can hurry things up si usted pudiese
    acelerar las cosas
hurt: it hurts duele
husband: my husband mi esposo, mi marido

I

I: I am yo soy, yo estoy
    I have yo tengo
ice el hielo
    with lots of ice con mucho hielo
ice cream un helado, un sorbete
idea una idea
    good idea una buena idea
    new ideas nuevas ideas
    this will give you some idea of ... esto le dará
    una idea sobre ...
ideal ideal
identical idéntico(a)
idiot idiota
i.e. por ejemplo
if si
    if not ... si no
    if we could si pudiésemos
ill enfermo(a)
    I feel ill no me siento bien
illegal ilegal
illegible ilegible

---

a [ah], c [k, c, th], e [eh], g [gh, h], h [-], j [h], ll [y, ll],
ñ [ny], u [oo], v [b], y [ee, y], z [s, th];
see also pages iv–vi

image una imagen
  our corporate image la imagen de nuestra sociedad
immediate inmediato(a)
  in the immediate future en un futuro próximo
immediately inmediatamente
imperfect imperfecto(a)
import importado(a)
important: it's very important es muy importante
import duty derechos de entrada
importer el importador
import-export business los negocios de importación-exportación
import license una licencia de importación
import permit un permiso de importación
import restrictions las restricciones a la importación
impossible imposible
impressive impresionante
improved mejorar
  an improved offer una oferta mejorada
improvement: we've made some improvements hemos efectuado algunas mejoras
impuesto tax
impuesto adicional surtax
impuestos sobre bienes raíces real estate tax
impuestos sobre ventas sales tax
in en
  is he in? ¿está él?
  in Caracas en Caracas
  in Brazil en Brasil
  in Canada en Canadá
  in 3 weeks en tres semanas
  we did it in 3 weeks lo llevamos a cabo en tres semanas
inch una pulgada
» *1 inch = 2.54 cm*
incidental expenses gastos varios
include incluir
  does that include breakfast? ¿está incluido el desayuno?

that's all included todo está incluido
inclusive inclusivo(a)
   are terms inclusive? ¿son términos inclusivos?
income ingresos, ganancias
incompetent incompetente
inconvenient inconveniente
incorrect incorrecto(a)
increase un aumento
   the increase in sales el aumento en ventas
   in order to increase output con el fin de aumentar el rendimiento
   sales are increasing las ventas están aumentando
   at an increasing rate a una tasa creciente
incredible increíble
incur (*costs, expenses*) incurrir
independent independiente
in depth en profundidad, detallado
indication una indicación
   as an indication of ... como indicación de ...
indigestion una indigestión
indoors bajo techo
industrial industrial
industrial relations relaciones industriales
industrial zone una zona industrial
industry industria
inexpensive económico
inferior inferior
inflation la inflación
influence la influencia
inform informar
   I am pleased to be able to inform you that me complace poder informarle que
   please inform us when ... sírvase informarnos cuando ...
   keep me informed manténgame al tanto
   we'll keep you informed lo mantendremos al tanto

a [ah], c [k, c, th], e [eh], g [gh, h], h [-], j [h], ll [y, ll], ñ [ny], u [oo], v [b], y [ee, y], z [s, th];
see also pages iv–vi

you are very well informed usted está muy bien informado

informal *(meeting)* informal
(agreement) informal

information la información
  do you have any information in English about ... ? ¿tiene alguna información en inglés sobre ... ?
  for your information para su información

informe report

informe anual annual report

informe de auditoria audit report

ingreso income, revenue

ingresos brutos gross income

ingresos netos net income

initial *(an agreement)* poner las iniciales
(starting) inicial

injured herido(a)

innocent inocente

input aportar, la entrada

inquiries indagaciones

inquiring indagando

inquiry indagación

inside adentro, al interior, interno(a)
  do you have any inside information? ¿tiene usted alguna información interna?

insist: I insist *(on it)* insisto (sobre eso)

inspect inspeccionar

inspection una inspección
  regular inspections las inspecciones rutinarias
  closer inspection showed that ... una inspección minuciosa demostró que ...

inspector un inspector

installment purchase compra a plazos

instead en vez
  instead of ... en lugar de ...

instruction: shipping instructions instrucciones de expedición
  according to your instructions siguiendo sus indicaciones

    operating instructions instrucciones sobre la
operación
insurance un seguro
insurance claim reclamo al seguro
insurance company la compañía de seguros, la
aseguradora
insurance policy la póliza de seguros
insurance premium la prima del seguro
insure asegurar
insured asegurado(a)
    adequately insured against . . . asegurado
adecuadamente contra . . .
insurmountable insuperable
intelligent inteligente
intend: we intend to . . . tenemos la intención de . . .
    what do you intend to do? ¿qué piensa hacer?
intensive intensivo(a)
intention: it was our intention to . . . teníamos la
intención de . . .
interest el interés
    in the interest of speed por razones de rapidez
    15% interest un interés del quince por ciento
    interest rates las tasas de interés
    we are very interested in . . . estamos muy
interesados en . . .
    are you interested in the idea? ¿le interesa la
idea?
interesting interesante
    we find it very interesting lo encontramos muy
interesante
internal (*problems*) interno(a)
international internacional
interpret: would you interpret for us? ¿podría
servirnos de intérprete?
interpreter un intérprete
interruption una interrupción

---

a [ah], c [k, c, th], e [eh], g [gh, h], h [-], j [h], ll [y, ll],
ñ [ny], u [oo], v [b], y [ee, y], z [s, th];
see also pages iv–vi

interview una entrevista
into en, dentro, a
   into Colombia a Colombia
   into pesos en pesos
introduce: may I introduce ...? ¿puedo
   presentar ...?
invalid (*license, etc.*) inválido(a)
invention una invención
invest invertir
investigate: we'll investigate the matter
   investigaremos el asunto
investigations: our investigations have shown
   that ... nuestras investigaciones han demonstrado
   que ...
investment una inversión
invisible invisible
invitation una invitación
   thank you for the invitation le agradecemos la
   invitación
» *TRAVEL TIP: Take a present such as flowers or*
   chocolates rather than a bottle of wine. However,
   in countries where Scotch is very expensive, and
   your host has limited means, it may be a
   welcomed gift.
invite: can I invite you out tonight? ¿puedo
   invitarlo(a) a salir esta noche?
invoice una factura
   as per invoice de acuerdo a la factura
   payable against invoice pagadero al recibo de la
   factura
   within 30 days of invoice dentro de treinta días
   de la fecha de la factura
   we'll invoice direct les facturaremos directamente
   the amount invoiced el monto facturado
   invoicing instructions las instrucciones de
   facturación
   total annual invoicing la facturación anual total
involve: what does it involve? ¿qué implica esto?
   it would involve extra cost implicaría costos
   adicionales

we don't want to get involved in that no queremos
participar en eso
iron: will you iron this for me? ¿podría plancharme
esto?
iron out (*difficulties*) arreglar
is *see* **be**
isolated: an isolated case un caso aislado
issue (*of shares*) una emisión
the issue discussed today . . . el tema discutido
hoy . . .
it: it is es
put it there póngalo(a) allí
give it to him déselo
it works funciona
item un artículo
all the items listed todos los artículos indicados
itemize: would you itemize it for me? ¿podría darme
una lista detallada?
an itemized invoice una factura detallada
its *see* **my**

J

jacket una chaqueta
(*of book*) una cubierta
January: in January en enero
Japan el Japón
Japanese japonés
jealous celoso(a)
jeopardize comprometer
jet un avión a reacción
private jet un avión a reacción privado
jingle (*advertising*) una rima publicitaria
jinx: the project is jinxed el proyecto tiene mala
suerte

---

a [ah], c [k, c, th], e [eh], g [gh, h], h [-], j [h], ll [y, ll],
ñ [ny], u [oo], v [b], y [ee, y], z [s, th];
see also pages iv–vi

job (*work*) un trabajo
    (*position*) un puesto
    (*duty*) una tarea
    the job is yours el trabajo es suyo
    it's a big job es un trabajo importante
    do you want the job? ¿quiere el puesto/trabajo?
    you've done a very good job ha hecho muy buen trabajo
    what's your job? ¿cuál es su trabajo?
    to offer somebody a job ofrecerle un empleo a alguien
    that's your job ese es su trabajo
    it's your job to get that done usted está a cargo de que eso se realice
    job description una descripción del trabajo
job lot: we'll take them as a job lot los tomaremos por lote
job satisfaction la satisfacción en el trabajo
joint conjunto(a)
joint venture empresa colectiva, consorcio
joke un chiste
    you must be joking usted bromea
jornal wage
jornal diario daily wages
jornal por hora hourly wages
judge: judging by . . . a juzgar por . . .
July: in July en julio
jump: a sudden jump in sales un aumento súbito en las ventas
    we mustn't jump to conclusions no debemos sacar conclusiones precipitadas
June: in June en junio
junk porquería, basura
just: just two solamente dos
    just a little un poquito
    just here/there aquí/allá
    that's just right justo eso
    not just now no ahora
    just now ahora
    he was here just now él estasba aquí hace un

instante
justifiable justificable
justifiably justificadamente
justify justificar
    how can you justify that? ¿como puede justificar eso?
juzgado tribunal, court of justice

K

keel: on an even keel estable
keen (price competition) agudo(a)
    I'm not keen no estoy muy interesado
keep: can I keep it? ¿puedo quedarme con esto?
    you keep it quédese con eso
    keep the change quédese con el cambio
    you didn't keep your promise usted no cumplió su promesa
    it keeps on breaking down sigue fallando
    we'll keep on trying seguiremos tratando
    keep us informed mantenganos al tanto
key una llave
    the key facts los hechos importantes
    a key person una persona clave
    he plays a key role tiene un papel clave
killing: to make a killing dar un buen golpe
kilo un kilo = 2.2 pounds
» *conversion: kilos ÷ 5 × 11 = pounds*

kilos	1	1.5	5	6	7	8	9
pounds	2.2	3.3	11	13.2	15.4	17.6	19.8

kilometer un kilómetro = 5/8 mile
» *conversion: kilometers ÷ 8 × 5 = miles*

kilometers	1	5	10	20	50	100
miles	0.62	3.11	6.2	12.4	31	62

kind: that's very kind of you es muy amable de usted

a [ah], c [k, c, th], e [eh], g [gh, h], h [-], j [h], ll [y, ll],
ñ [ny], u [oo], v [b], y [ee, y], z [s, th];
see also pages iv–vi

would you be so kind as to ... tenga la bondad
de ...
if you would kindly send us ... si usted pudiese
enviarnos ...
knife un cuchillo
know saber, *(be acquainted with)* conocer
  I don't know yo no sé
  do they know? ¿saben ellos?
  I know him yo lo conozco
  do they know him? ¿lo conocen ellos?
  please let us know (what you decide) sírvanse
  notificarnos (lo que decidan)
  I'll let you know le dejaré saber
know-how conocimiento básico

L

label una etiqueta
labor *(personnel)* la mano de obra
  (work) el trabajo
labor costs los costos de la mano de obra
labor intensive con mucha mano de obra
labor saving con ahorro de trabajo
lack: there's a lack of ... hace(n) falta ...
ladies' room el baño de damas
lady una dama
lager una cerveza
  see **beer**
» TRAVEL TIP: *If you ask for "una cerveza" you will
  automatically be served a light beer, which is a
  lager-type beer.*
land tierra
  (plane) aterrizar
language un idioma
large grande
  by and large en forma general
last último(a)
  last year/week el año pasado/la semana pasada
  last night anoche

at last! ¡por fin!
how long will this arrangement last? ¿cuánto
tiempo durará este arreglo?
late: sorry I'm late discúlpeme, estoy atrasado
please hurry, we are late apúrese, estamos
atrasados
it's a bit late es un poco tarde

» TRAVEL TIP: *Most Latin countries are much more
casual about time than the U.S. Punctuality is
admirable but usually not strictly observed in
actual practice. When attending meetings or social
gatherings, try to ask when you are really
expected.*

later más tarde
I'll come back later regresaré más tarde
see you later! ¡hasta pronto!
at the latest a más tardar
latest development los últimos desarrollos
latter: the latter el(la) último(a), éste(a)
laugh reír
laughable risible
launch: we are launching our new model estamos
lanzando nuestro nuevo modelo
laundromat una lavandería automática
lavatory el lavatorio, el baño
law la ley
lawyer un(a) abogado(a), un(a) licenciado(a)
layout (of premises) la disposición
(of report, text) la presentación
lazy perezoso(a)
learn aprender
lease alquilar, rentar
(contract) un contrato de alquiler, un contrato de
arrendamiento
leasing el alquiler
leasing agent un agente de alquileres

---

a [ah], c [k, c, th], e [eh], g [gh, h], h [-], j [h], ll [y, ll],
ñ [ny], u [oo], v [b], y [ee, y], z [s, th];
see also pages iv–vi

least: not in the least de ninguna manera
   at least por lo menos
leather el cuero
leave: we're leaving tomorrow partimos mañana
   when does the plane leave? ¿cuando parte el
   avión?
   I left two shirts in my room dejé dos camisas en
   mi habitación
   can I leave this here? ¿puedo dejar esto aquí?
   I'll leave that up to you le dejo eso a usted
   let's leave that until later dejemos eso para más
   tarde
left: on the left a la izquierda
leg la pierna
legal legal
   legal aid la asistencia legal
   we intend to take legal action tenemos la
   intención de tomar medidas legales
   legal costs costos legales
   our legal advisor nuestro asesor jurídico
leisure: at your leisure cuando usted pueda
length la longitud
less menos (de . . .)
   less the costs of . . . menos los costos de . . .
let: let us help permítanos ayudarle
   will you let me off here? ¿puede dejarme bajar
   aquí?
   let's go vámonos
   when can you let us have them? ¿cuándo puede
   usted proporcionárnoslo?
   we can't let that happen no podemos permitir que
   eso suceda
letra a la vista sight *draft*
letra de cambio bill of exchange, *draft*
letter una carta
   are there any letters for me? ¿hay alguna carta
   para mí?
» *Start a letter with "Estimado Sr. Cruz" (or*
   "Estimada Sra.," "Estimada Srta.") where you
   would have used "Dear Mr. Cruz," "Mrs.," "Miss."

End the letter with "Muy atentamente."
letter of credit una carta de crédito
   to open a letter of credit abrir una carta de crédito
level: that will be decided at a higher level la
   decisión se tomará a un nivel superior
   the current level of profits el nivel de ganancia
   actual
liabilities las deudas
   (on balance sheet) el pasivo
liability: we accept no liability for that no aceptamos
   responsabilidad alguna por eso
liable *(responsible)* responsable
libre a bordo (L.A.B.) free on board (F.O.B.)
libreta de cheques checkbook
libros books
licencia license
license una licencia
   under license bajo licencia
licensing agreement un acuerdo de licencia
licitaciones bids
lid una tapa
lie *(falsehood)* una mentira
   he is lying él miente
life la vida
life insurance un seguro de vida
lift: do you want a lift? ¿puedo llevarlo a algún lado?
   could you give me a lift? ¿puede llevarme?
light *(not heavy)* liviano(a)
   the lights aren't working no funcionan las luces
   (in car) no se encieden las luces
   have you got a light? ¿tiene fósforos?
like: would you like ...? ¿desea usted ...?
   I'd like a .../I'd like to ... quisiera ...
   I like it me gusta
   I don't like it no me gusta
   like this one como éste

a [ah], c [k, c, th], e [eh], g [gh, h], h [-], j [h], ll [y, ll],
ñ [ny], u [oo], v [b], y [ee, y], z [s, th];
see also pages iv–vi

what's it like? ¿cómo es?
do it like this hágalo así
limit: up to a certain limit hasta un cierto límite
  a limited number of ... un número limitado
  de ...
límite de crédito credit limit
line una línea
  line (*waiting*) una línea, una cola
  what's their line of business? ¿cuál es el negocio
  de ellos?
  a new line in ... un nuevo renglón de ...
link una conexión
  link up with establecer relaciones con
liqueur un licor
liquidación clearance (*sale*)
list una lista
  it's not listed here no está en esta lista
listen escuchar
  listen! ¡escuche!
list price el precio de lista
literature (*brochures, etc.*) información, folletos
liter un litro
  » *1 liter = 1.057 qt. = 0.26 gal.*
little pequeño(a)
  a little ice un poco de hielo
  a little more un poco más
  just a little tan solo un poquito
live: I live in ... yo vivo en ...
  where do you live? ¿dónde vive usted?
load (*goods*) carga
  each load cada carga
  they'll be loaded next Tuesday se cargarán el
  martes próximo
loan un préstamo
local: could we try a local wine? ¿podríamos probar
  un vino local?
  a local restaurant un restaurante local
  a local call (*telephone*) una llamada local
  a local firm una firma local
  we use local labor usamos la mano de obra local

is it made locally? ¿se fabrica localmente?
lock: the lock's broken la cerradura está rota
    I've locked myself out me quedé sin llaves para
    entrar
long largo(a)
    I'd like to stay longer quisiera quedarme más
    that was long ago eso fue hace mucho tiempo
    how long? ¿cuánto tiempo? ¿qué tan largo?
    there's a long way to go yet falta mucho todavía
    long-distance call llamada de larga distancia
» *TRAVEL TIP: Get local advice when making*
    long-distance phone calls since the telephone
    systems vary widely.
long term a largo plazo, a largo tiempo
    in the long term a largo tiempo
look: can I take a look? ¿puedo dar un vistazo?
    how do things look? ¿cómo se ven las cosas?
    I'm looking for ... yo busco ...
    I'm just looking estoy mirando solamente
    let's look at the report examinemos el informe
    look at that miren eso
    look out! ¡cuidado!
    the figures look good las cifras están bien
    it looks tight se ve apretado
look forward: we look forward to meeting you again
    esperamos verlo nuevamente
loose *(goods)* suelto(a)
lose perder
    I've lost my ... he perdido mi ...
    excuse me, I'm lost perdone, estoy perdido(a)
    we're losing money estamos perdiendo dinero
    nobody loses out nadie pierde
loss una pérdida
    we had a loss sufrimos una pérdida
    at a loss con pérdida
    it's a losing concern es una pérdida

---

a [ah], c [k, c, th], e [eh], g [gh, h], h [-], j [h], ll [y, ll],
ñ [ny], u [oo], v [b], y [ee, y], z [s, th];
see also pages iv–vi

loss leader un artículo de propaganda
lost property los objetos perdidos
lot: a lot (of . . .) muchos (de . . .)
   not a lot no mucho
   a lot of people/wine mucha gente/mucho vino
   a lot more expensive (than . . .) mucho más caro
   (que . . .)
loud fuerte
lovely atractivo(a)
low *(level, returns)* bajo(a)
   sales are at an all-time low las ventas están al
   nivel más bajo que se haya registrado
low-key *(approach)* discreto(a)
loyal leal
loyalty la lealtad
luck la suerte, **bad luck** la mala suerte
   good luck! ¡buena suerte!
lucky: you're lucky tiene suerte
   that's lucky qué suerte
luggage el equipaje
lump sum un monto global
lunch el almuerzo
luxury lujoso, el lujo

M

machine una máquina
mad *(crazy)* loco(a)
   (angry) enojado(a)
Madam señora
magazine una revista
magnificent magnífico(a)
mail el correo
   is there any mail for me? ¿hay alguna carta para
   mí?
   it'll be in the mail tomorrow se enviará por correo
   mañana
   I'll have it mailed to you se lo haré enviar por
   correo

mailbox un buzón
mailman el cartero
mailing list la lista de direcciones
mail order las ventas por correo
main principal
   the main problem el problema principal
mainly principalmente
maintenance contract un contrato de mantenimiento
major importante
   this is a major opportunity es una oportunidad
   importante
   the major points los puntos principales
majority la mayoría
majority holding una participación mayoritaria
make hacer
   will we make it in time? ¿llegaremos a tiempo?
   what is it made of? ¿de qué está hecho?
   it's not making money no está produciendo dinero
   I'll try to make him reconsider voy a tratar de
   hacerlo reconsiderar
man un hombre
management la administración
   (*the managers, etc.*) la gerencia, la administración
   it's a question of good management es un asunto
   de buena administración
   our management is not in favor of ... nuestra
   gerencia no está a favor de ...
manager un gerente
   (*in hotel, etc.*) el gerente
   production manager/sales manager/publicity
   manager gerente de producción/gerente de
   ventas/gerente de publicidad
managing director el director administrativo
man-hour hombre-hora
mano de obra labor
manpower el personal

---

a [ah], c [k, c, th], e [eh], g [gh, h], h [-], j [h], ll [y, ll],
ñ [ny], u [oo], v [b], y [ee, y], z [s, th];
see also pages iv–vi

mantenimiento maintenance
manual *(a book)* un manual
  (operation) manual
manufacture fabricar
manufacturer un fabricante
many muchos(as)
map un mapa
  a map of Guatemala un mapa de Guatemala
máquina de escribir typewriter
máquina de sumar adding machine
marca registrada trademark
March: in March en marzo
margin el margen
marginal marginal
markdown: at a markdown price a un precio
  reducido
market el mercado
  the domestic market el mercado doméstico
  domestic sales las ventas domésticas
  on the market en el mercado
  we're not in the market for ... no estamos en el
  mercado para ...
  to bring something onto the market poner algo en
  el mercado
  what the market needs lo que el mercado necesita
  there's no market for it eso no tiene mercado
  it was badly marketed se comercializó mal
  it depends how you market it depende de como se
  comercialice
  the Money Market el mercado monetario
marketing el mercadeo
  I'm in marketing estoy en mercadeo
  our marketing policy nuestra política de mercadeo
  our marketing people nuestro personal de
  mercadeo
  we're very strong in marketing somos fuertes en
  mercadeo
marketing director el director de mercadeo
marketing manager el gerente de mercadeo
market leader el líder del mercado

marketplace: **in the marketplace** en el mercado
market research investigación del mercado
market trends las tendencias del mercado
mark up un aumento
    a 30% mark up un aumento de treinta por ciento
married casado(a)
marvelous maravilloso(a)
mass mailing envío por correo en masa
mass production fabricación en serie
match: a box of matches una caja de fósforos
materia prima raw *material*
material (*cloth*) la tela
    it is a good material es un buen material
matter: it doesn't matter no importa
maturity (*of bill*) el vencimiento
maximize maximizar
maximum el máximo
    that's our maximum offer esa es nuestra oferta
    máxima
May: in May en mayo
may: may I have ...? ¿puede darme ...?
maybe quizás
mayorista wholesaler
me: does he know me? ¿me conoce él?
    give it to me démelo
    will you send it to me? ¿me lo enviará?
    with me conmigo
meal una comida
mean: what does this mean? qué significa esto?
    what do you mean? ¿qué quiere decir usted?
    I mean it! ¡lo digo de veras!
    by all means sin duda alguna
meantime: in the meantime mientras tanto
mecanógrafa typist
meet: I met him last year lo conocí el año pasado
    when will we meet again? ¿cuándo nos
    volveremos a ver?

a [ah], c [k, c, th], e [eh], g [gh, h], h [-], j [h], ll [y, ll],
ñ [ny], u [oo], v [b], y [ee, y], z [s, th];
see also pages iv–vi

meeting (*conference*) una reunión
   at our last meeting en nuestra última reunión
   I think we need another meeting creo que
  necesitamos otra reunión
mejoras improvements
member un miembro
   how do I become a member? ¿cómo puedo
  hacerme miembro?
memo un memorandum
menos less
mensual monthly
men's room el baño de caballeros
mention: don't mention it! ¡no hay de qué!
   as I mentioned in my letter como mencioné en mi
  carta
menu el menú
   set menu un menú a precio fijo
   can I have the menu, please? ¿puede darme el
  menú, por favor?
  see the menu reader, pages 159–162
mercaderías merchandise
mercado market
mercancías merchandise
merchandise (*goods*) las mercancías
  (*to market*) comercializar
merchandising el mercadeo, la comercialización
merger la fusión
mess: the whole thing's a mess es un desastre
message: are there any messages for me? ¿hay algún
  mensaje para mi?
   can I leave a message for . . . ? ¿puedo dejar un
  mensaje para . . . ?
messenger un mensajero
metal el metal
meter un metro
» *1 meter = 39.37 inches = 1.09 yards*
method el método
Mexico Méjico, México
microchip microficha
microcomputer un microcomputador, una

microcomputadora
mid: by mid June para mediados de junio
middle el medio
    by the middle of next month a mediados del
    próximo mes
    in the middle en el medio
Middle East el Mediano Oriente
middleman un intermediario
middle management la administración intermedia
midnight medianoche
might: I might be wrong puede que esté errado
    he might have gone el podría haber ido
mile un milla
» *conversion: miles ÷ 5 × 8 = kilometers*

miles	0.5	1	3	5	10	50	100
kilometers	0.8	1.6	4.8	8	16	80	160

milk la leche
milla mile
millimeter un milímetro
mind: I've changed my mind he cambiado de idea
    I don't mind no me importa
    do you mind if I . . . ? ¿le molesta si yo . . . ?
    please bear this in mind por favor tenga presente
    his/my mind is made up el ha/yo he tomado una
    decisión
    I'm sure they won't mind estoy seguro que no les
    importará
    never mind olvídelo, no importa
mine mina
    see **my**
mineral water el agua mineral
minimize minimizar
minimum mínimo(a)
minor *(problems)* secundarios(as)
minus menos
minute un minuto
    (tiny) minúsculo

---

a [ah], c [k, c, th], e [eh], g [gh, h], h [-], j [h], ll [y, ll],
ñ [ny], u [oo], v [b], y [ee, y], z [s, th];
see also pages iv–vi

he'll be here in a minute estará aquí en un minuto
just a minute tan solo un minuto
minutes: to take the minutes of a meeting tomar las minutas (o el acta) de una reunión
misgivings: I have misgivings tengo dudas
Miss Srta., Señorita
miss: there's a . . . missing hace falta un(a) . . .
　　if we miss the deadline si no cumplimos con la fecha límite
　　I don't want to miss my plane no quiero perder mi avión
mistake un error
　　I think you've made a mistake creo que ha cometido un error
misunderstand: don't misunderstand me no me malentienda
misunderstanding un malentendido
mix mezclar
　　(mixture) una mezcla
　　a good mix of products una buena mezcla de productos
mix-up un malentendido
mobile móvil
model un modelo
modern moderno
modernize modernizar
modification una modificación
moment un momento
　　at the moment en este momento
Monday lunes
moneda currency
　　see also currency list page 166
money: I've lost my money he perdido mi dinero
　　I have no money no tengo dinero
money order un giro postal
monitor *(results)* observar
monopoly el monopolio
month un mes
monthly mensual

(*occurring*) cada mes, todos los meses
monto *amount*
more más
  can I have some more? ¿puede darme más?
  more wine, please más vino, por favor
  there isn't/aren't any more no hay más
  no more no más
  more comfortable más cómodo
  more than 10 más de diez
morning la mañana
  this morning esta mañana
  good morning buenos días
  in the morning en la mañana
most: I like it most lo prefiero
  most of the time/most of the people la mayor parte del tiempo/de la gente
motivated motivado(a)
motor el motor
move: could you move your car? ¿puede mover su automóvil?
  he's moved to another department/company se cambió a otro departamento/otra compañía
  we've moved nos hemos mudado
  he's the man to get things moving es el hombre para hacer marchar las cosas
movie theater un cine
Mr. Sr., Señor
Mrs. Sra., Señora
» TRAVEL TIP: *A woman should be addressed as "Señorita" when one is unsure of her marital status.*
much mucho
  much better/much more mucho mejor/mucho más
  not much no mucho
multinational (*company*) multinacional

must: I must have ... debo tener ...
   (supposition) debo haber ...
   I must not eat ... no debo comer ...
   we must do it ... debemos hacerlo ...
   you must not ... usted no debe ...
   that's a must eso es una necesidad
mutual: in our mutual interest en nuestro mutuo
   interés
   to our mutual satisfaction a nuestra mutua
   satisfacción
my: my, your, etc; mine, yours, etc.:

	singular	*plural*
my	mi	mis
your	su	sus
informally	tu	tus
his, her, its	su	sus
our	nuestro	nuestros
their	su	sus
his/her car	su automóvil	
his/her umbrella	su paraguas	

   mine el mío (la mía), (los míos), (las mías)
   yours el(la) suyo(a), los(las) vuestros(as),
   informally el(la) tuyo(a), los(las), tuyos(as)
   his, her el suyo (la suya), los suyos (las suyas)
   ours el(la) nuestro(a), los(las), nuestros(as)
   theirs el(la) suyo(a), los(las) suyos(as)

N

name un nombre
   my name is ... me llamo ...
   what's your name? ¿cómo se llama usted?
   what's his name? ¿cómo se llama él?
napkin una servilleta
narrow angosto(a) estrecho(a)
national nacional
   he's a Bolivian national él es de nacionalidad
   boliviana
nationality la nacionalidad

nationalize nacionalizar
natural natural
near: is it near?¿está cerca de aquí?
  near here cerca de aquí
  do you go near ... ? ¿va usted cerca de ... ?
  where's the nearest ... ? ¿dónde está el(la) ... más
  cercano(a)?
nearly casi
necessary necesario(a)
  as necessary según sea necesario
  if necessary si es necesario
  it's not necessary no es necesario
necessitate necesitar
necessity una necesidad
need: I need a ... necesito un(a) ...
  we need more time necesitamos más tiempo
  the need for ... la necesidad de ...
negative negativo(a)
  a negative response una reacción negativa
negligent negligente
negocio business
negotiable negociable
  not negotiable no negociable
negotiate: to negotiate a settlement negociar un
  acuerdo
  we are currently negotiating with ... en la
  actualidad estamos negociando con ...
negotiations las negociaciones
negotiator el negociador
neither: neither of them ninguno de los dos
  neither ... nor ni ... ni
  neither do I tampoco yo
net neto(a)
  net price un precio neto
  $5,000.00 net cinco mil dólares neto
  net of tax neto de impuestos

---

a [ah], c [k, c, th], e [eh], g [gh, h], h [-], j [h], ll [y, ll],
ñ [ny], u [oo], v [b], y [ee, y], z [s, th];
see also pages iv–vi

the net margin el margen neto
net weight el peso neto
network *(of distributors, etc.)* una red
never jamás, nunca
new nuevo(a)
  I'm new in this job soy nuevo en este trabajo
news *(press)* las noticias
  what news do you have about developments in . . . ? ¿qúe noticias tiene usted sobre los desarrollos en . . . ?
newspaper un periódico, un diario
  newspaper article un artículo del periódico
  do you have any American newspapers? ¿tiene periódicos americanos?
  in the newspaper en el periódico
New Zealand Nueva Zelandia
next próximo(a)
  please stop at the next corner por favor deténgase en la esquina próxima
  see you next week lo veré la semana próxima
  on my next trip en mi próximo viaje
  at the next opportunity en la próxima oportunidad
  next we have to . . . a continuación, debemos . . .
  next to . . . al lado de . . .
Nicaragua Nicaragua
nice agradable, simpático(a)
night la noche
  good night buenas noches
  at night en la noche
  where's a good night club? ¿dónde hay un buen club nocturno?
  night life la vida nocturna
no no
  no improvement sin mejoras
  no change sin cambio
  no extras sin adiciones
  no way! ¡de ninguna manera!
No. n°, No.
nobody nadie
  nobody is buying them nadie los compra

noisy ruidoso(a)
    our room's too noisy se eschucha demasiado
    ruido en nuestra habitación
nombre name
nómina payroll
noncommittal: he was noncommittal él no se
    comprometió
nondelivery falta de entrega
nondutiable franco de derechos
nonfulfillment falta de cumplimiento
nonproductive no productivo(a)
nonstop *(flight)* directo
none: none of them ninguno de ellos
nonsense! ¡que tontería!
normal normal
    when things are back to normal cuando las cosas
    se normalicen
normally normalmente
north el norte
Norway Noruega
not: I'm not hungry no tengo hambre
    not that one ése(a) no
    not me yo no
    I don't understand no entiendo
    he didn't tell me él no me dijo
notary un notario
notary public Notario Público
note *(bank note)* un billete de banco
    I'll make a note of it tomaré nota de eso
    my notes of the meeting mis notas de la reunión
    we note your ... hemos tomado nota de su ...
    please note that ... sírvase notar que ...
nothing nada
    nothing new nada de nuevo
    I heard nothing no oí nada
notice *(on bulletin board)* un aviso

---

a [ah], c [k, c, th], e [eh], g [gh, h], h [-], j [h], ll [y, ll],
    ñ [ny], u [oo], v [b], y [ee, y], z [s, th];
      see also pages iv–vi

(*legal*) notificación
I didn't notice that no noté eso
until further notice hasta nueva orden
we have noticed that ... hemos notado que ...
we should like to bring the following to your notice ... deseamos llevar lo siguiente a su conocimiento ...
we need more notice than that necesitamos más tiempo de aviso
how much advance notice do you need? ¿cuánto tiempo de anticipación necesita usted?
without any notice sin notificación
I have handed in my notice of resignation he presentado mi renuncia
notify: we will notify you when ... le notificaremos cuando ...
please notify us sírvase notificarnos
notorious notorio(a)
November: in November en noviembre
now ahora
nowhere en ninguna parte
nuisance: it's a nuisance es una molestia
null and void nulo y sin valor
number (*figure*) un número
a number of problems un cierto número de problemas
number 57 número cincuenta y siete
which number? ¿qué número?
número redondo round number

O

object (*item*) un objeto
do you object? ¿tiene usted una objeción?
I object to that yo no estoy de acuerdo con eso
objection una objeción
I've no objections no tengo objeción
would you have any objections if ...? ¿tendría usted una objeción si ...?

objective (*goal*) un objetivo
(*unbiased*) objectivo(a)
obligación obligation, debenture, *debt, liability*
obligation: without obligation sin obligación
obligatory obligatorio(a)
obliged: we would be very much obliged if you ... le
agradeceríamos encarecidamente si ...
obliging servicial
obsolete obsoleto(a)
obstacle un obstáculo
obtain (*get*) obtener
obvious obvio(a)
obviously ... obviamente ...
obviously not! ¡obviamente no! ¡evidentemente no!
occasion: on the next occasion en la próxima ocasión
if the occasion should arise si se presentase la
ocasión
occasionally ocasionalmente
occupation (*job*) la ocupación
occupied ocupado(a)
is this seat occupied? ¿está ocupado este asiento?
ocupado busy
occur ocurrir, suceder
ocean bill of lading guía de embarque marítimo,
conocimiento marítimo
o'clock *see* **time**
October: in October en octubre
odd (*strange*) raro(a)
odd number un número impar, nones
of de
oferta bid, *offer*
oferta y demanda supply and demand
off: 10% off una reducción de diez por ciento
$3.00 off con una reducción de tres dólares
the meeting is off se canceló la reunión
the deal is off no hay trato

---

a [ah], c [k, c, th], e [eh], g [gh, h], h [-], j [h], ll [y, ll],
ñ [ny], u [oo], v [b], y [ee, y], z [s, th];
see also pages iv–vi

offer: we accept your offer aceptamos su oferta
   I'll make you an offer le haré una oferta
   a special offer una oferta especial
   what sort of terms are you offering? ¿qué clase de términos propone usted?
   they only offered 10% ellos ofrecieron únicamente diez por ciento
office la oficina
   office supplies materiales de oficina
   office automation automotización de la oficina
» *TRAVEL TIP: Office hours will vary widely and many companies will close for lunch.*
official *(person)* un funcionario
   the official version la versión oficial
   in my official capacity en mi capacidad oficial
off-load sin carga
often con frecuencia
oil *(petroleum)* el petróleo
   (lubricating, vegetable, etc.) el aceite
OK de acuerdo
old viejo(a)
   how old is he? ¿qué edad tiene él?
old-fashioned anticuado(a)
omit omitir
on: on the table sobre la mesa
   I haven't got it on me no lo tengo conmigo
   on Friday el viernes
   on television en la televisión
   the deal is on again el trato prosigue nuevamente
   OK, you're on de acuerdo, acepto
   the engine is on el motor está en marcha
   the light is on la luz está encendida
once una vez
   at once inmediatamente
   once it is signed una vez que esté firmado
one: number un(a)
   the red one el(la) rojo(a)
only únicamente
   this is the only one es el(la) único(a)
ONU Organización de las Naciones Unidas: *UN*

opción de compra de acciones stock option
open abierto(a) *(verb)* abrir
    when do you open? ¿cuándo abren?
    to open an account abrir una cuenta
    to open a new branch abrir una nueva sucursal
open-ended *(agreement)* sin límites fijos
OPEP Organización de Paises Exportadores de
    Petróleo: OPEC
operate *(machine)* hacer funcionar, operar
    the area of business in which we operate el área
    de negocios en la cual trabajamos
operating capital el capital de operación
operating costs *(of a business)* los costos de operación
operation: our overseas operation nuestra operación
    en el extranjero
    when we put this new system into operation
    cuando pongamos este nuevo sistema en operación
operator *(telephone)* un(a) telefonista, un(a)
    operador(a)
    (machine) un(a) operario(a)
opinion una opinión
    in our opinion en nuestra opinión
    what's your opinion? ¿cuál es su opinión?
opportunity una oportunidad
    I was glad to have the opportunity to . . . me
    complació tener la oportunidad de . . .
opposite: opposite the hotel frente al hotel
option una opción
    if you'd like an option on the next model si usted
    desea una opción sobre el próximo modelo
    we have no option no tenemos opción
or o
orange *(color)* naranja, anaranjado
order *(for goods)* un pedido, una orden
    (a command) una orden
    (goods, dish) pedir, ordenar

---

a [ah], c [k, c, th], e [eh], g [gh, h], h [-], j [h], ll [y, ll],
    ñ [ny], u [oo], v [b], y [ee, y], z [s, th];
        see also pages iv–vi

could we order now? (in restaurant) ¿podemos ordenar ahora?
thank you, we've already ordered gracias, ya ordenamos
if we place an order with you for ... si le efectuamos un pedido ...
the last order hasn't arrived el último pedido no ha llegado
we have a very full order book nuestro libro de pedidos está muy lleno
the parts are still on order las piezas pedidas no han llegado todavía
the goods we ordered las mercancías que pedimos
in order to ... con el fin de ...
order form un formulario de pedido
order number el número de pedido
ordinary ordinario(a)
organization: good/poor organization una buena/mala organización
organize organizar
origin: country of origin el país de origen
original original
  the original ... el(la) original ...
  do you have the original? ¿tiene usted el(la) original?
originally originalmente
OTAN Organización del Tratado del Atlántico Norte: *NATO*
other otro(a)
  the other one el(la) otro(a)
  do you have any others? ¿tiene otros(as)?
otherwise de otra manera
ought: it ought to be here by now debería haber llegado
ounce una onza
» *1 ounce = 28.35 grams*
our, ours see **my**
out afuera, fuera
  9 out of 10 nueve de diez
  is he still out? ¿todavía está fuera?

outlet *(retail)* un punto de venta
    we need new outlets *(markets)* necesitamos nuevos mercados
outline: the broad outlines *(of the proposal)* las líneas generales de (nuestra propuesta)
output el rendimiento, la producción
outside afuera, fuera
    outside the Common Market en el exterior del Mercado Común
    outside advisors consejeros independientes
outstanding *(invoice, payment)* pendiente
    $5,000.00 is still outstanding todavía está pendiente el pago de cinco mil dólares
over: over here aquí
    over there allá
    over 40 más de cuarenta
    it's all over se acabó
    over a period of 6 months durante un período de seis meses
overcome *(difficulties)* sobreponerse
overdraft sobregiro
overdraft facility crédito abierto
overdrawn sobregirado
overdue *(payment)* atrasado
overheads los costos generales
overnight: an overnight stay in Costa Rica pasar la noche en Costa Rica
    will we have to stay overnight? ¿tendremos que pasar la noche?
    overnight travel is necessary es necesario viajar de noche
overpriced: it's overpriced el precio es excesivo
overseas en el extranjero
oversleep: I overslept me quedé dormido
overstock un surtido excesivo
overtime el sobretiempo

---

a [ah], c [k, c, th], e [eh], g [gh, h], h [-], j [h], ll [y, ll],
ñ [ny], u [oo], v [b], y [ee, y], z [s, th];
see also pages iv–vi

owe: what do we owe you? ¿cuánto le debemos?
   money owing to us el dinero que se nos debe
   owing to ... debido a ...
own: my own ... mi propio(a) ...
   I'm on my own estoy solo(a)
owner el propietaro

P

pack un paquete
package un paquete
   (set of services, etc.): **we have an attractive
   package** tenemos un conjunto global interesante
   you have to take the whole package usted tiene
   que tomar todo el conjunto
   attractively packaged con un empaque atractivo
packaging *(material)* el empaque, el envase
packet un paquete
packing el empaque
packing case una caja
packing instructions las instrucciones para el
   empaque
packing list la lista de empaque
Pacto Andino Andean Pact
pagar to pay
pagar a cuenta pay on account
pagaré promissory note
page *(of book)* una página
   could you page him? ¿podría hacerlo llamar por el
   altoparlante?
pago payment
pago parcial partial payment
pain: I've got a pain here/in my leg tengo un dolor
   aquí/en la pierna
   pain killers calmantes para el dolor
pair un par
pale pálido(a)
pallet una paleta
Panama Panamá
pants los pantalones

pantyhose pantimedias, medias
paper el papel
   (*newspaper*) un periódico, un diario
papers (*documents*) los documentos
Paraguay Paraguay
parcel un paquete
pardon (*didn't understand*) ¿perdón?
   I beg your pardon (*sorry*) discúlpeme
parent company la compañía matriz
park: where can I park my car? ¿dónde puedo
   estacionar mi automóvil?
parking lot (*parking garage*) un lugar de
   estacionamiento
part una parte
   (*of machine*) una pieza
   part load una carga parcial
   part owner un copropietario
   part payment un pago parcial
particular particular
   in particular particularmente
particulars (*specifications, etc.*) los detalles
partida item, lot, entry
partner un(a) socio(a)
partnership una asociación
party (*group*) un grupo
   (*celebration*) una fiesta
   (*to contract*) una parte
   both parties are agreed that ... las partes han
   acordado ...
pasivo liabilities
pass on (*information*) transmitir
   I'll pass it on to him se lo haré saber
passport un pasaporte
past: in the past en el pasado
patent una patente
   we have applied for the patent hemos solicitado la
   patente

---

a [ah], c [k, c, th], e [eh], g [gh, h], h [-], j [h], ll [y, ll],
   ñ [ny], u [oo], v [b], y [ee, y], z [s, th];
     see also pages iv–vi

patient: be patient tenga paciencia
pattern (on *material*) un diseño, un patrón
pay pagar
    how shall we pay you? ¿cómo le pagaremos?
    to pay the money back reembolsar
    can I pay, please? ¿puedo pagar, por favor?
payable pagadero(a)
payee el beneficiario
payer el pagador
payment el pago
    payment will be made in 3 installments el pago se
    efectuará en tres partidas
    method of payment el método de pago
    conditions of payment las condiciones de pago
    monthly payments of ... pagos mensuales de ...
    we are still awaiting payment of ... todavía
    estamos esperando el pago de ...
peak (of *figures, production*) el máximo
pedestrian crossing un paso para peatones
» *TRAVEL TIP: Do not assume that cars will stop or
   even slow down once you are on a pedestrian
   crossing; be extra cautious.*
pedido order
pedido de compra purchase order
pedido de venta sales order
pen: do you have a pen? ¿tiene una pluma?
penalty clause una cláusula penal
pencil un lápiz
pension una pensión
    (*retired*) una pensión, una jubilación
pension plan un plan de jubilación
people la gente
    will there be a lot of people there? ¿habrá mucha
    gente?
    a lot of people think that ... mucha gente piensa
    que ...
    if people like the product si el producto le gusta a
    la gente
per: per night/week/person por
    noche/semana/persona

as per instructions de acuerdo a las instrucciones
as per contract de acuerdo al contrato
percent por ciento
percentage porcentaje
  a fixed percentage un porcentaje fijo
  on a percentage basis a un tanto por ciento
pérdida bruta gross loss
pérdida neta net loss
perfect perfecto(a)
performance *(of machine, worker, etc.)* el
  rendimiento
  (of company) los resultados
perhaps quizás, tal vez
period período
período de gracia grace period
permanent permanente
permission una autorización
permit un permiso
person una persona
  in person en persona
personal personal
personally personalmente
personnel el personal
personnel department el departamento de personal
personnel management administración de personal
personnel manager el gerente de personal
persuade: we want to persuade you to ... deseamos
  persuadirle de ...
Peru Perú
petróleo crudo crude oil
phase una fase
phase in introducir progresivamente
phase out suprimir gradualmente
phone *see* **telephone**
photograph una fotografía, una foto
pick up: will you come and pick me up? ¿puede
  venir a buscarme?

a [ah], c [k, c, th], e [eh], g [gh, h], h [-], j [h], ll [y, ll],
ñ [ny], u [oo], v [b], y [ee, y], z [s, th];
see also pages iv–vi

picture una fotografía, una foto
    (*print, drawing, etc.*) un impreso, un dibujo
    (*painting*) un cuadro
pie foot
pie cuadrado square foot
pie cúbico cubic foot
piece: a piece of . . . un pedazo de . . .
pin down: we must try and pin him down to a date
    debemos tratar de hacerle precisar una fecha
pint *approx.* un medio litro (*1 pint = 0.47 liter*)
pipe (*metal*) una tubería
    (*smoker's*) una pipa
pity: it's a pity es una lástima
place un lugar
    at my/your place? ¿en mi/su casa?
    is this place taken? ¿está ocupado este lugar?
    the meeting will take place in Chicago la reunión
    será en Chicago
    to place an order with somebody efectuar un
    pedido con alguien
plain (*food*) simple
    (*not patterned*) simple
plan un plan
    according to plan de acuerdo al plan
    plans of the building los planos del edificio
    we are planning to . . . proyectamos . . .
    still in the planning stage todavía en la etapa de
    planificación
plane un avión
    by plane por avión
plant (*factory*) una fábrica
    (*equipment*) el equipo, las instalaciones
plastic el plástico
plastic bag bolsa de plástico
plastic wrap el celofán
platform la plataforma
    which platform please? ¿en cuál plataforma?
pleasant agradable
please: could you please . . . ? por favor . . .
    (yes) please sí, por favor

pleased: we are pleased with . . . estamos
    complacidos con . . .
    pleased to meet you encantado(a)
pleasure: it's a pleasure es un placer
    my pleasure! ¡es un placer!
pleito lawsuit
plenty: plenty of . . . bastante . . .
    thank you, that's plenty gracias, es suficiente
plug un enchufe
plus más
p.m. *see* **time**
pocket un bolsillo
point el punto
    four point six cuatro coma seis, cuatro punto seis;
    also see numbers pages 163–165
    there are three points to be discussed hay que
    tratar sobre tres puntos
    that's a very important point es un punto muy
    importante
    point 16 on the list el punto dieciséis de la lista
    **we'd like to draw your attention to the following
    points** quisiéramos que prestara atención a los
    puntos siguientes
    he has a point tiene un buen argumento
    from our/your point of view desde nuestro/su
    punto de vista
    could you point to it? ¿puede señalarlo?
    point of sale un punto de venta
    at point of sale en el punto de venta
    point of sale material publicidad en el lugar de
    venta
police la policía
    get the police llame a la policía
policeman un policía
police station el cuartel de policía
policy *(of company)* la política
    (insurance) la póliza

a [ah], c [k, c, th], e [eh], g [gh, h], h [-], j [h], ll [y, ll],
ñ [ny], u [oo], v [b], y [ee, y], z [s, th];
see also pages iv–vi

polish (*shoes*) lustrar
  could you polish my shoes? ¿podría lustrar mis zapatos?
polite cortés
politics la política
póliza de seguros insurance policy
poll (*opinion-*) una encuesta
polluted contaminado(a)
pool (*swimming*) una piscina, una alberca
poor pobre
  poor quality de mala calidad
popular popular
  a very popular line (*product*) un producto muy popular
por mayor wholesale
por menor retail
portador bearer
Portugal Portugal
position una posición, un cargo
  I'm not in a position to say no estoy en posición de decir
positive positivo(a)
  a positive response una reacción positiva
possession: the goods will be in your possession usted recibirá la mercancía
possible posible
  a possible development might be ... un posible desarrollo podría ser ...
  as ... as possible tan ... como sea posible
  could you possibly ...? ¿podría usted ...?
possibility la posibilidad
post (*job*) un puesto
postage la estampilla, el sello
postage rates la tarifa postal
postcard una tarjeta postal
poster un cartel
poste restante lista de correos, poste restante
post office la oficina de correos
postpone posponer
potential potencial

it has a lot of potential tiene buenas posibilidades
pound una libra
» *conversion: pounds ÷ 11 × 5 = kilos*

pounds	1	3	5	6	7	8	9	11
kilos	0.45	1.4	2.3	2.7	3.2	3.6	4.1	5

power: purchasing power el poder de compra
practical práctico(a)
precedent precedente
precio price
precio al contado cash price
precio de costo cost price
precio de lista list price
prefer: I prefer this one prefiero éste(a)
    I'd prefer to ... preferiría ...
    I'd prefer a ... preferiría un(a) ...
premises el local
    on the premises en el local
premium una prima
    premium offer una oferta especial
present: at present en la actualidad
    (gift) regalo
presentation *(of new product)* la presentación
president el presidente
press: could you press these? ¿podría planchar esto?
    the Press la prensa
pressure: you'll have to put more pressure on them
    usted tendrá que ejercer más presión sobre ellos
    he's under a lot of pressure él está bajo mucha
    presión
pre-tax antes de impuestos
pretty bonito(a)
    it's pretty good está bastante bien
previous anterior
    at our previous meeting en nuestra reunión
    anterior
    the previous agreement el acuerdo anterior

---

a [ah], c [k, c, th], e [eh], g [gh, h], h [-], j [h], ll [y, ll],
ñ [ny], u [oo], v [b], y [ee, y], z [s, th];
see also pages iv–vi

price un precio
  your prices are very reasonable/high sus precios
  son muy razonables/altos
price list la lista de precios
pricing policy la política de precios
pricing structure la estructura de los precios
prima de seguros insurance premium
principal (of order) el principal
  (of investment, debt) el capital
print (verb) imprimir
  (of negatives) una copia
  (reproduction, etc.) una copia
  we enclose a color print of ... adjuntamos una
  copia a colores de ...
printed matter los impresos
printer (person) un impresor
  (machine) una impresora
print-out una impresión
prior: I have a prior engagement tengo un
  compromiso anterior
priority la prioridad
  it's not a priority no es una prioridad
  in order of priority por orden de prioridad
  will you treat this as a priority? ¿podría
  considerarlo como una prioridad?
private privado(a)
  a private discussion una conversación privada
  a private meeting una reunión privada
  a private company una sociedad particular
privatize hacer privado
probably probablemente
  probably not probablemente no
problem un problema
  no problem sin problema
procedure el procedimiento
**proceedings: we shall initiate proceedings against
  you/them** emprenderemos acción judicial contra
  ustedes/ellos
process un proceso
  it's being processed right now se está procesando

ahora
produce (*verb*) fabricar, producir
product un producto
production la producción
    we start production on ... comenzaremos la
    producción el ...
production manager el director de producción
professional: it's a very professional piece of work es
    un trabajo muy profesional
    not a very professional approach no es método
    muy profesional
profit las ganancias
profitability las ganancias
profitable productivo(a), rentable
profit-and-loss account cuenta de pérdidas y
    ganancias
profit margin el margen de ganancia
profit sharing la participación en los beneficios
pro forma invoice una factura pro forma
program (*plan*) un programa
progress: we are making good progress estamos
    progresando bien
    what progress have you made? ¿qué progreso han
    hecho?
project un proyecto
promise: do you promise? ¿lo prometen?
    I promise lo prometo
promissory note un pagaré
promote (*product*) promover
    (*employee*) ascender
    it's been well/badly promoted la promoción ha
    sido bien/mal hecha
promotion (*of product*) la promoción
    for promotional purposes para fines de promoción
pronounce: how do you pronounce it? ¿cómo lo
    pronuncia?

---

a [ah], c [k, c, th], e [eh], g [gh, h], h [-], j [h], ll [y, ll],
ñ [ny], u [oo], v [b], y [ee, y], z [s, th];
see also pages iv–vi

properly correctamente
property la propiedad
proposal una propuesta
protect proteger
proud orgulloso(a)
   we are proud of our record estamos orgullosos de
   nuestro historial
prove: I can prove it lo puedo probar
provide proporcionar
   we'll provide you with ...
   le proporcionaremos ...
provided ... a condición de que ...
provisional (*temporary*) provisional
provisionally provisionalmente
proviso una condición
public: the public el público
   to create more public awareness llamar más la
   atención del público
   to monitor the public's reaction observar la
   reacción del público
   public company una corporación pública
   to go public emitir acciones al público
public holiday un día feriado
» *TRAVEL TIP: Public holidays are:*
   New Year's Day *el Año Nuevo*
   Good Friday *el Viernes Santo*
   May Day *el Día del Trabajo*
   Ascension Day *la Ascensión*
   Whit Monday (*day after Pentecost*) *el lunes de*
   Pentecostés
   All Saints' Day *el Día de Todos los Santos*
   Columbus Day *el Día de la Hispanidad*
   Christmas Day *el Día de Navidad*
   Also, inquire about national and local holidays in
   each country, they vary widely.
publicity la publicidad
publicity budget el presupuesto para publicidad
publicity campaign la campaña de publicidad
publicity manager el gerente de publicidad
publicity material el material publicitario

Puerto Rico Puerto Rico
pull halar
punctual puntual
puncture un pinchazo
purchase *(noun)* una compra
   (verb) comprar
purchase order un pedido de compra
pure puro(a)
purple morado(a)
purpose el propósito
   on purpose a propósito
purse una cartera, una bolsa
push empujar
   we want to push this line hard queremos empujar
   fuertemente este producto
put: where can I put . . .? ¿dónde puedo poner . . . ?
   where have you put it? ¿dónde lo ha puesto
   usted?
   we want to put the deadline back deseamos
   volver a fijar la fecha límite

Q

qualified: I'm not qualified to comment no estoy
   calificado para hacer comentarios
qualified acceptance una aceptación condicional
qualitative cualitativo(a)
quality la calidad, la cualidad
quality control el control de la calidad
quality control department el departamento de
   control de calidad
quantitative cuantitativo(a)
quantity: what sort of quantity do you envisage?
   ¿qué cantidad está contemplando usted?
quarter *(3 months)* un trimestre, tres meses

---

a [ah], c [k, c, th], e [eh], g [gh, h], h [-], j [h], ll [y, ll],
  ñ [ny], u [oo], v [b], y [ee, y], z [s, th];
    see also pages iv–vi

quarterly trimestralmente
(*done, occurring*) cada tres meses, cada trimestre
a quarter of an hour un cuarto de hora
see also **time**
queja complaint
query una pregunta
question una pregunta
do you have any other questions? ¿tiene otras preguntas?
questionnaire un cuestionario
quick rápido(a)
that was quick eso fue rápido
quiet: a quiet time of the year un período tranquilo del año
quite bastante
quite a lot bastante
quota la cuota
quotation, quote una cita
(*binding*) una cotización
quote: we'd like to quote on ... deseamos presentar una cotización para ...
at the price we quoted al precio que cotizamos

R

radio (*station*) la radio, la radiodifusora
rail: by rail por tren
(*send goods*) por tren
rain la lluvia
it's raining está lloviendo, llueve
raincoat un impermeable, una gabardina
raise: to raise funds, capital obtener fondos, obtener el capital
to raise the interest rate aumentar la tasa de interés
range (*of products*) una gama
a new range una nueva gama
rare raro(a)
(*steak*) medio crudo

rate: the rate of exchange la tasa de cambio
    our rates for this year nuestras tarifas para este año
    the rate of increase/growth la tasa de aumento/crecimiento
    at a monthly rate of 2% a una tasa mensual de dos por ciento
    at any rate de cualquier modo
rather: I'd rather have a ... preferiría tener un(a) ...
    I'd rather not preferiría no
    it's rather expensive es bastante caro(a)
raw materials las materias primas
razón ratio, reason
razón social (of firm) name
razor una navaja de afeitar
razor blades las navajas para afeitar
reach (agreement) llegar a
read: read it léalo
    something to read algo para leer
ready: when will it be ready? ¿cuándo estará listo(a)?
real (genuine) real
    the real cost el costo real
really verdaderamente
reason una razón
    there are several reasons why ... existen varias razones por las cuales ...
reasonable razonable
recargo surcharge
receipt un recibo
    (in restaurant, etc.) un recibo
    can I have a receipt, please? ¿me puede dar un recibo, por favor?
    we are in receipt of ... hemos recibido ...
    please acknowledge receipt (of) ... sírvase acusar recibo (de) ...
    upon receipt of ... al recibir ...

---

a [ah], c [k, c, th], e [eh], g [gh, h], h [-], j [h], ll [y, ll],
ñ [ny], u [oo], v [b], y [ee, y], z [s, th];
see also pages iv–vi

receive (*goods, order*) recibir
recently recientemente
reception la recepción
  at reception al recibir
receptionist el(la) recepcionista
recession una recesión
recibo receipt
reclamación claim
recognize reconocer
recommend: can you recommend ...? ¿puede usted recomendar ...?
reconsider: we are willing to reconsider estamos dispuestos a reconsiderar
record un record
  in record time en un tiempo record
  a record level un nivel record
  this is strictly off the record esto es estrictamente confidencial
  please keep a record of ... sírvase mantener un registro de ...
  they have an excellent record tienen un historial excelente
recycle reutilización
red rojo(a)
  the company's in the red la sociedad tiene pérdidas
  we are now out of the red ya no tenemos pérdidas
reduce reducir
reduction una reducción
reduction in force (*RIF*) reducción del personal
reembolso refund
reemplazo replacement
refer: we refer to your recent letter nos referimos a su reciente carta
reference: with reference to ... en relación con ...
  our/your reference nuestra/su referencia
reference number número de referencia
refuse: I refuse yo rehuso
  they are refusing to pay ellos rehusan pagar
regard: with regard to ... en relación con ...

regarding your inquiry en relación con su pregunta
   as regards price/quality en relación con el precio/la calidad
region una región
   in this region en esta región
   in the region of $5,000.00 alrededor de cinco mil dólares
registered: I want to send it registered quiero enviarlo recomendado/certificado
registro de compras purchase register
registro de ventas sales register
regret: I very much regret that ... lamento mucho que ...
   we regret what has happened lamentamos lo que ocurrió
regular regular
regulations los reglamentos
relation: the relations between our two companies las relaciones entre nuestras dos compañías
   in the interest of good relations en el interés de las buenas relaciones
relationship las relaciones
relevant: the relevant ... el(la) ... relevante
   that's not relevant eso no es relevante
reliable *(product)* confiable
   they are reliable son confiables
rely: you can rely on us pueden contar con nosotros
remaining: the remaining work el trabajo restante
remember: don't you remember? ¿no se acuerda?
   I'll always remember yo me acordaré siempre
   if I remember correctly ... si recuerdo bien ...
remind: we would remind you that ... le recordaríamos que ...
reminder un recordatorio
   final reminder recordatorio final

---

a [ah], c [k, c, th], e [eh], g [gh, h], h [-], j [h], ll [y, ll],
ñ [ny], u [oo], v [b], y [ee, y], z [s, th];
see also pages iv–vi

rendimiento yield, income
renew (*contract, etc.*) renovar
rent: can I rent a car? ¿puedo alquilar un automóvil?
　　YOU MAY THEN HEAR ...
　　con cargo kilométrico *with mileage charge*
repair: can you repair it? ¿puede repararlo(a)?
repeat: could you repeat that? ¿puede repetirlo?
repeat order un pedido repetido
replace reemplazar
reply (*noun*) la respuesta
　　(*verb*) responder
　　in reply to ... en respuesta a ...
report (*noun*) un informe
　　our annual report nuestro informe anual
　　we shall report back to you le presentaremos un
　　informe
　　whom does he report to? ¿quíen es el jefe de él?
representative un(a) representante
reprocess reprocesar
reputation la reputación
request (*noun*) una solicitud
　　(*verb*) solicitar
　　on request a solicitud
requirements: we hope this meets your requirements
　　esperamos que esto satisfaga sus necesidades
　　our present stock requirements nuestras
　　necesidades actuales de existencias
rescue salvar
research la investigación
research and development department el
　　departamento de investigación y desarrollo
reservation una reservación
　　I want to make a reservation for ... (*hotel*)
　　quisiera hacer una reservación para ...
　　(*theater*) quisiera reservar un boleto para ...
reserve: can I reserve a seat/table? ¿puedo reservar
　　un asiento/una mesa?
　　we reserve the right to ... nos reservamos el
　　derecho de ...
　　see also **book**

resign: he's resigned él renunció
responsibility: this is your responsibility es su
responsabilidad
   we cannot accept responsibility no podemos
aceptar la responsabilidad
responsible responsable
rest el resto
   you keep the rest guarde usted el resto
restaurant un restaurante
result: as a result of this en consecuencia
   the year's result los resultados del año
   excellent results unos resultados excelentes
résumé un curriculum vitae
retailer un comerciante al por menor
retail outlet un punto de venta
retail price el precio al por menor
retired jubilado(a)
return regreso
   by return mail a vuelta de correo
   by return telex a vuelta de télex
   the return on this investment el rendimiento de
esta inversión
   if the returns are satisfactory si el beneficio es
satisfactorio
   we are returning the substandard specimens
estamos devolviendo los ejemplares de calidad
inferior
reunión meeting
revise (*plan*) estudiar, revisar
rich rico(a)
ridiculous ridículo(a)
right: you don't have the right to . . . usted no tiene
el derecho de . . .
   that's right es correcto
   you're right usted tiene razón
   on the right a la derecha

---

a [ah], c [k, c, th], e [eh], g [gh, h], h [-], j [h], ll [y, ll],
ñ [ny], u [oo], v [b], y [ee, y], z [s, th];
see also pages iv–vi

right here aquí mismo
right away inmediatamente
rights los derechos
  we keep all the rights nos reservamos todos los derechos
  if we grant you the manufacturing rights si les concedemos los derechos de fabricación
rip-off: it's a rip-off es un robo
rise *(in prices, costs)* un aumento
road una carretera, un camino
  which is the road to . . . ? ¿cuál es el camino para . . . ?
rob: I've been robbed me han robado
room una habitación
  there isn't enough room no hay suficiente espacio
  have you got a *(single/double)* **room?** ¿tiene una habitación (sencilla/doble)?
  for one night/for three nights para una noche/para tres noches
  YOU MAY THEN HEAR. . .
  ¿con o sin baño? *with or without bath?*
  ¿con ducha? *with shower?*
  ¿para cuántas personas? *for how many people?*
  ¿por cuánto tiempo? *for how long?*
  lo siento, estamos llenos *sorry, no vacancies*
room service servicio de habitación
rotación turn over
roughly aproximadamente
round: in round figures en cifras redondas
  to round a figure up redondear un número
  it's my round *(drinks)* es mi turno
round-trip ticket billete de ida y vuelta
route un itinerario
  please specify delivery route sírvase especificar el itinerario para le entrega
  by the usual sea route por la ruta marítima habitual
royalty los derechos de autor
rubber el caucho
rubber band una liga

rude rudo(a)
rule (*regulation*) una regla
   as a rule por lo general
rum el ron
   rum and Coke® un ron con Coca-Cola®, un Cuba Libre
run: a run on the market una demanda súbita
Russia Rusia

S

S.A. Sociedad Anónima: *corporation*
S.L. Sociedad Limitada: *Inc.*
sad triste
   we are sad to hear ... lamentamos saber que ...
safe (*strong box*) una caja fuerte
   (*operation*) segura
   is it safe? ¿es seguro(a)?
safety la seguridad
salary un sueldo
saldo balance
sale la venta
   they're not for sale no están a la venta
sales las ventas
   sales are improving/dropping off las ventas están mejorando/disminuyendo
   volume of sales el volumen de ventas
   total sales for the past year las ventas totales del año pasado
sales campaign una campaña de venta
sales department el departamento de ventas
sales director el director de ventas
sales drive una campaña de ventas
salesman un vendedor
   you're a good salesman usted es un buen vendedor

---

a [ah], c [k, c, th], e [eh], g [gh, h], h [-], j [h], ll [y, ll], ñ [ny], u [oo], v [b], y [ee, y], z [s, th];
see also pages iv–vi

sales manager el gerente de ventas
sales-oriented: a more sales-oriented approach un enfoque más orientado hacia la venta
sales outlet un punto de venta
sales target un objetivo de venta
saleswoman una vendedora
same: the same el(la) mismo(a), *(plural)* los(las) mismos(as)
　　the same again, please! ¡la misma cosa, por favor!
sample una muestra
　　the sample models las muestras
satisfaction: to our/your complete satisfaction a nuestra/su entera satisfacción
satisfactory satisfactorio(a)
　　a very satisfactory solution una solución muy satisfactoria
　　your performance is not satisfactory su actuación no es satisfactoria
satisfy: we are not satisfied with .. no estamos satisfechos con ...
　　I hope you will be satisfied with ... esperamos que usted quede satisfecho con ...
　　we are not satisfied that everything possible has been done no estamos convencidos de que se ha hecho todo lo posible
Saturday el sábado
save: this way we save $5,000.00 de esta forma nos ahorramos cinco mil dólares
　　it saves a lot of trouble se evitan bastantes problemas
　　in order to save time con el fin de ganar tiempo
saving: a considerable saving in costs/time una economía considerable de costo/tiempo
savings account una cuenta de ahorros
say: how do you say ... in Spanish? ¿cómo se dice ... en español?
　　what did he say? ¿qué dijo él?
　　what do you say to that? ¿qué piensa usted?
　　do we have a say in ...? ¿podemos decir algo al respecto ...?

schedule un programa
    on schedule de acuerdo al programa
    (train, etc.) a tiempo
    we are on schedule estamos de acuerdo al
    programa
    we are ahead of schedule estamos adelantados al
    programa
    behind schedule atrasados
    scheduled for ... programado para ...
    scheduled flight un vuelo regular
scissors: a pair of scissors un par de tijeras
scope *(of project, etc.)* el alcance
    that's beyond the scope of these talks eso está
    fuera del alcance de estas conversaciones
Scotland Escocia
screen una pantalla
sea el mar
    by sea por mar
    sea freight el flete marítimo
season una estación
    in the high/low season en la estación alta/baja
seat un asiento
    is this somebody's seat? ¿está ocupado este
    asiento?
seat belt un cinturón de seguridad
second *(2nd)* segundo
    (time) un segundo
    just a second sólo un segundo
    second class en segunda clase
    second hand usado(a)
seconds *(goods)* los artículos de calidad inferior
secretary una secretaria
    (corporate secretary) el secretario de la
    corporación
sector: in the private/public sector en el sector
    privado/público

a [ah], c [k, c, th], e [eh], g [gh, h], h [-], j [h], ll [y, ll],
ñ [ny], u [oo], v [b], y [ee, y], z [s, th];
see also pages iv–vi

secure *(an order)* obtener
   (a loan) garantizar
security *(for loan)* una garantía
   (of premises, etc.) la seguridad
see ver
   oh, I see oh, ya veo
   have you seen ...? ¿ha visto usted ...?
   can I see the samples? ¿puedo ver las muestras?
   I'd like to see your figures quisiera ver sus cifras
   see you tomorrow/next week hasta mañana/la
   próxima semana
seem: it seems ... parece que ...
   it seems so así parece
seguro insurance
seguro de vida life insurance
seguros pagados por adelantado prepaid insurance
seldom raramente
selection *(of goods)* una selección
self-financing autofinanciado(a)
self-service *(shop)* tienda de autoservicio
   (restaurant) un autoservicio
sell vender
   to sell something to somebody vender algo a
   alguien
   if you can sell them the idea si usted los puede
   convencer
   they're selling well/slowly se están vendiendo
   bien/lentamente
semiannually semestralmente
send enviar
   I'll send one to you le voy a enviar uno(a)
   would you send us some samples? ¿podría
   enviarnos algunas muestras?
   the goods are to be sent by container las
   mercancías se enviarán por contenedor
   send it by mail envíelo(a) por correo
sender el remitente
separate: under separate cover por separado
   that's a separate matter eso es un asunto distinto
   it's a separate company es una compañía

independiente
separately por separado
September: in September en septiembre
serial number un número de serie
series una serie
  (line of products) un renglón
  a new series una nueva serie
serious serio(a)
  I'm serious hablo en serio
  this is serious esto es grave
service: is service included? ¿se incluye el servicio?
  we're not satisfied with the service we're getting
  no estamos satisfechos con el servicio que
  estamos recibiendo
  we are pleased to be of service to you nos
  complace poder prestarles nuestros servicios
  his service to the company su contribución a la
  compañía
  it's all part of the service forma parte del servicio
service contract un contrato de mantenimiento
service industries las industrias de servicios
service manual un manual de mantenimiento
service station una estación de servicio
set *(adjust)* ajustar
  a set of new parts un juego de piezas nuevas
  let's set a date fijemos una fecha
settle: I want to settle this before I leave quiero dejar
  esto arreglado antes de salir
  please settle your account por favor cancele su
  cuenta
  please settle within 30 days sírvase cancelar
  dentro de los treinta días
settlement: a satisfactory settlement un acuerdo
  satisfactorio
  in settlement of our account para conciliar
  nuestra cuenta

---

a [ah], c [k, c, th], e [eh], g [gh, h], h [-], j [h], ll [y, ll],
ñ [ny], u [oo], v [b], y [ee, y], z [s, th];
see also pages iv–vi

we look forward to receiving your settlement
esperamos recibir su cancelación
settlement discount descuento al liquidar
set up (*company*) incorporar
several varios(as)
shake sacudir
   to shake hands with ... dar la mano a ...
   let's shake on it! ¡choquemos la mano!
» TRAVEL TIP: *Shaking hands is common on meeting
   and leaving somebody, for both men and women.*
shame: what a shame! ¡qué lástima!
shampoo un champú
shape la forma
shape up: it's shaping up well está tomando buena
   forma
share una parte
   (*equity*) una acción
   (*verb*) compartir
   we must share the blame debemos compartir la
   responsabilidad
sharecapital el capital en acciones
shareholder un accionista
shaver una navaja de afeitar
shaving cream jabón de afeitar, crema de afeitar
she ella
sheet of paper una hoja de papel
shelf un anaquel
sherry un jerez
ship un barco
   (*send*) expedir
   by ship por barco
   the goods will be shipped to you next week las
   mercancías se le enviarán la próxima semana
   they'll be ready for shipping estarán listos(as) para
   enviarse
shipment: the next shipment of ... el próximo
   embarque de ...
   they will be ready for shipment on ... estarán
   listos(as) para enviarse el ...
   each shipment cada envío

shipping agent expedidor
shipping date la fecha de expedición
shipping documents los documentos de expedición
shipping instructions las instrucciones de embarque
shirt una camisa
shock un choque
shoes los zapatos
shop un almacén
    I've some shopping to do tengo que hacer unas compras
» *TRAVEL TIP: When going shopping, check local opening and closing times. In some Spanish-speaking countries shops are closed at noon for a lunch break, and also all day on Sunday.*
short corto(a)
    on short notice con poco aviso
    I'm three short me faltan tres
    in the short term a plazo corto
shortage: a shortage of ... una escasez de ...
short cut un atajo
shortfall *(in figures, supplies)* un déficit
show: please show me ... por favor, muéstreme ...
    we were shown around the factory nos llevaron a visitar la fábrica
showcase una vitrina
shower: with shower con ducha
showroom la sala de exhibición
shrink-wrapped envuelto (al calor) con película plástica
shut cerrar, *(closed)* cerrado(a)
    when do you shut? ¿cuándo cierran?
sick enfermo(a)
    I feel sick no me siento bien
side el lado, **on this side** de este lado
    he does that on the side lo hace como trabajo secundario

---

a [ah], c [k, c, th], e [eh], g [gh, h], h [-], j [h], ll [y, ll],
ñ [ny], u [oo], v [b], y [ee, y], z [s, th];
see also pages iv–vi

we are on your side estamos de su lado
side street una calle lateral
by the side of the road al lado de la carretera
sight: payable on sight pagadero a la vista
three days after sight a tres días después de la presentación
sight draft giro a la vista
letter of credit (sight) carta de crédito a la vista
sign (*notice*) un aviso
please sign here sírvase firmar aquí
to sign a contract firmar un contrato
it's not signed no está firmado
I'm not signing that! ¡yo no firmaré eso!
signature una firma
silly tonto(a)
silver la plata
similar similar
simple simple
since: since last week desde la semana pasada
since they want to get started now como ellos quieren comenzar ahora
sincere sincero(a)
yours sincerely muy atentamente; *see also* **letter**
single: single room una habitación para una persona, una habitación sencilla
I'm single soy soltero(a)
a single (one-way ticket)/two singles to ... uno de ida/dos de ida para ...
sit: can I sit here? ¿puedo sentarme aquí?
site: a good/pleasant site un lugar bueno/agradable
situation la situación
the financial/economic situation la situación financiera/económica
in the present situation en la situación actual
a cut-back situation una situación de recesión
size el tamaño
skill la habilidad
skilled worker un obrero diestro
skirt una falda
slash: "2 slash 4" dos raya cuatro

sleep: I can't sleep no puedo dormir
sleeper *(train)* un vagón cama
sleeping pill una pastilla para dormir
slide *(photo)* una diapositiva
slide presentation una presentación de diapositivas
sliding scale una escala móvil
slow lento(a)
    that's too slow eso es demasiado lento
    you're slowing down usted está disminuyendo la
    velocidad
    could you speak a little slower? ¿puede hablar un
    poco más lentamente?
small pequeño(a)
small change cambio suelto
smell el olor
smoke el humo
    do you smoke? ¿fuma usted?
    can I smoke? ¿puedo fumar?
smooth liso(a)
    please try to smooth things over trate de arreglar
    las cosas
    it all went very smoothly todo fue muy bien
snack un bocadillo
snow la nieve
so: so expensive tan caro
    not so much no tanto
soap el jabón
sober: he wasn't sober el no estaba sobrio
social: it's a social visit es una visita social
social security el seguro social, la seguridad social
sociedad anónima corporation
socio partner
soft drink una soda, un refresco
soft sell una publicidad discreta
software *(computer)* los programas
sole: sole agency la exclusividad

a [ah], c [k, c, th], e [eh], g [gh, h], h [-], j [h], ll [y, ll],
ñ [ny], u [oo], v [b], y [ee, y], z [s, th];
see also pages iv–vi

sole agent el agente exclusivo
sole rights los derechos exclusivos
solution una solución
some: can I have some water/pepper? ¿podría darme
   agua/pimienta?
   can I have some cigars? ¿podría darme unos
   cigarros (puros)?
   can I have some? ¿puedo tomar un poco?
   can I have some more? ¿me puede dar más?
   can I have some leaflets? ¿puede darme algunos
   folletos?
   some people think that ... alguna gente piensa
   que ...
somebody alguien
something algo
sometime alguna vez
sometimes algunas veces
somewhere en algún lugar
soon pronto
   as soon as possible tan pronto como sea posible
sooner más pronto
sore: I have a sore throat tengo dolor de garganta
sorry: I'm sorry discúlpeme, lo siento
   we are sorry to hear ... lamentamos que ...
sort: this sort esta clase
   what sort of ...? ¿qué clase de ...?
   could you sort these out? ¿puede separarlos?
   will you sort it out? ¿puede separarlo?
so so así así
sound: it sounds interesting suena interesante
south el sur
South Africa Africa del Sur, Sudáfrica
South America América del Sur, Sudamérica
souvenir un recuerdo
space: should there be extra space in the container si
   hubiese espacio adicional en el contenedor
   for reasons of space por razones de espacio
Spain España
Spanish español(a)
spare: spare part una pieza de repuesto

speak: do you speak English? ¿habla inglés?
   I don't speak Spanish no hablo español
special especial
   special terms las condiciones especiales
   special case un caso especial
specialist un especialista
specialize: we specialize in . . . nos especializamos
   en . . .
special operation/order una operación/un pedido
   especial
specially (*especially*) especialmente
specific específico(a)
specifications las especificaciones
   meets the specifications cumple las especificaciones
specify especificar
   please specify time and place sírvase especificar
   la hora y el lugar
   please specify whether . . . sírvase especificar si . .
   the items specified in our order los artículos
   especificados en nuestro pedido
   at the specified time/place en la hora/lugar que se
   especificó
speed la velocidad
   please speed things up por favor acelere las cosas
spell: how do you spell it? ¿cómo se deletrea?
spend (*money*) gastar
split (*costs, etc.*) dividir
spoon una cuchara
spot: our man on the spot nuestro representante en
   el lugar
sprain: I've sprained my ankle me torcí el tobillo
spring un resorte
   (*season*) la primavera
square (*in town*) una plaza
   (*not circular*) cuadrado(a)
   2 square meters dos metros cuadrados

---

a [ah], c [k, c, th], e [eh], g [gh, h], h [-], j [h], ll [y, ll],
ñ [ny], u [oo], v [b], y [ee, y], z [s, th];
see also pages iv–vi

staff el personal
stage: the next stage la etapa siguiente
  at this stage in the negotiations en esta etapa de
  las negociaciones
staggered payments los pagos escalonados
stagnation el estancamiento
stairs las escaleras
stamp una estampilla, un sello
  2 stamps for the U.S. dos estampillas para los
  Estados Unidos
stand (*at fair*) un local
  we stand by what we said sostenemos lo dicho
standard estándar
  (*norm*) una norma
  the standard of work is not satisfactory la calidad
  del trabajo no es satisfactoria
  U.S. standards las normas de los Estados Unidos
stand-by (*ticket*) un boleto en lista de espera
standing order un orden permanente
star una estrella
  a three/four/five-star hotel un hotel de
  tres/cuatro/cinco estrellas
start comenzar
  at the start al principio
  my car won't start mi automóvil no arranca
  when does it start? ¿cuándo comienza?
  starting next month a partir del mes próximo
statement (*bank-*) un estado de cuentas
  (*from supplier, etc.*) un balance de facturas
  to make a statement on ... efectuar una
  declaración sobre ...
statement of account un estado de cuenta
station la estación
  bus station la estación de autobús
stay: we enjoyed our stay hemos tenido una buena
  estadía
  I'm staying at the Ritz/a friend's me alojo en el
  Ritz/casa de un amigo(a)
steady (*increase, improvement*) uniforme
steak un biftec

YOU MAY HEAR...
término medio *medium*
bien cocido *well done*
medio crudo *rare*
steep *(prices)* excesivo(a)
steps: what steps are you taking? ¿qué pasos está
tomando usted?
we'll take the necessary steps tomaremos las
medidas necesarias
sterling: in (pounds) sterling en (libras) esterlinas
still: is he still here? ¿todavía está él aquí?
we're still waiting for them todavía estamos
esperándolos
they're still the best ellos todavía son los mejores
stock *(goods)* las existencias
stock is running low las existencias están bajas
they're out of stock se les acabaron las existencias
our current stock position nuestro nivel actual de
existencias
we don't stock them any more ya no los(as)
almacenamos
stock control control de existencias
Stock Exchange la Bolsa de Valores
stock issue una emisión de acciones
stock level el nivel de existencias
stock list el inventario
stolen: my wallet's been stolen me robaron la cartera
stomach: I've got a stomachache tengo dolor de
estómago
have you got something for an upset stomach?
¿tiene algo para desórdenes estomacales?
stone la piedra
stop: we intend to stop shipment unless ... tenemos
la intención de parar el envío a menos que ...
please stop all work por favor, pare todo el
trabajo

---

a [ah], c [k, c, th], e [eh], g [gh, h], h [-], j [h], ll [y, ll],
ñ [ny], u [oo], v [b], y [ee, y], z [s, th];
see also pages iv–vi

do you stop near ... ? ¿para usted cerca de ... ?
stopover una escala
stoppage un paro de trabajo
store (shop) un almacén, una tienda
  (goods) almacenar
storm una tormenta, una tempestad
straight derecho(a)
  go straight ahead siga derecho
  let's get things straight pongamos las cosas como
  son
  we've always been straight with you siempre
  hemos sido francos con usted
  straight up (drink) sin hielo
strange extraño(a)
stranger: I'm a stranger here no soy de aquí
strategy la estrategia
streamlined (hull, etc.) aerodinámico
  a more streamlined operation una operación más
  perfeccionada
street una calle
stress: he's suffering from stress él sufre de tensión
  I want to stress the importance of ... quiero
  poner énfasis sobre la importancia de ...
strike una huelga
stringent estricto(a)
strong fuerte
  a strong dollar un dólar fuerte
study: I want to study the figures deseo estudiar las
  cifras
stupid estúpido(a)
style el estilo
subcontract: if you subcontract the work to ... si
  usted subcontrata el trabajo a ...
subcontractor un subcontratista
subject to ... sujeto a ...
submit: to submit a report presentar un informe
subscriber un(a) abonado(a)
subscription la subscripción ...
  to take out a subscription to ... tomar una
  subscripción ...

subsidiary una subsidiaria
subway el metro
succeed tener éxito
   if you succeed in improving sales si usted logra
   mejorar las ventas
success el éxito
   I wish you every success le deseo todo éxito
successful *(trip)* con éxito
   a successful business un negocio con éxito
such: such a lot tanto(a)
   in such a hurry con tanto apuro
suddenly súbitamente
sue demandar
   we intend to sue tenemos la intención de
   demandar
   to sue for $50,000.00 demandar por cincuenta mil
   dólares
sueldo salary
suffer: sales have suffered las ventas han sufrido
sugar el azúcar
suit un vestido, un traje
» TRAVEL TIP: *Countries vary in the use of the two
   definitions given above. In some countries, a
   "traje" is a man's suit; in other countries it is a
   woman's suit. The same applies to "vestido."*
suitable apropiado(a)
   is that suitable? ¿es apropiado eso?
   not suitable for . . . no apropiado para . . .
suitcase una maleta, una valija
sum una suma
summary un resumen
summer el verano
sun el sol
Sunday el domingo
supermarket un supermercado
supersede: the model has been superseded by . . . el

---

a [ah], c [k, c, th], e [eh], g [gh, h], h [-], j [h], ll [y, ll],
ñ [ny], u [oo], v [b], y [ee, y], z [s, th];
see also pages iv–vi

modelo ha sido reemplazado por . . .

supplier: our suppliers nuestros proveedores

supply abastecer

supply and demand la oferta y la demanda

continuity of supply la regularidad del abastecimiento

it's a supply problem es un problema de abastecimiento

our supplies are running out nuestros abastecimientos se están acabando

a new source of supply una nueva fuente de abastecimiento

can you supply us with . . . ? ¿puede abastecernos . . . ?

we can supply them at 20% discount los podemos proporcionar con un veinte por ciento de descuento

the various services/products that we can supply los diversos servicios/productos que podemos proporcionar

support: we need your support necesitamos su apoyo

sure: I'm not sure no estoy seguro(a)

are you sure? está seguro(a)?

I'm sure you will like them estoy seguro(a) de que le gustarán

please make sure that . . . por favor cerciórese de que . . .

surname apellido

survey (*of market*) una encuesta del mercado

(*of property*) un levantamiento topográfico

suspend (*order*) suspender

sustitución replacement

switch un interruptor

to switch on/off encender/apagar

Sweden Suecia

Switzerland Suiza

symbol el símbolo

sympathetic: we are very sympathetic with your position comprendemos muy bien su posición

T

table una mesa
    a table for 4 una mesa para cuatro
    table wine un vino de mesa
tailor: tailored to your requirements de acuerdo a
    sus necesidades
take tomar
    can I take this with me? ¿puedo llevarme esto?
    we'll take a thousand of each tomaremos mil de
    cada uno
    will you take them back? ¿los tomará usted de
    vuelta?
    will you take me to the airport? ¿puede llevarme
    al aeropuerto?
    it will take 3 months tomará tres meses
    the plane takes off at ... el avión sale a ...
    to take out a life-insurance policy tomar un
    seguro de vida
    I'll take you up on that le tomo la palabra
takeover tomar el control
takeover bid una oferta de compra
talk conversar, hablar
talks las conversaciones
tampons toalla sanitaria femenina
tape (*recording*) una cinta magnetofónica
tape recorder una grabadora
target un objetivo
    we're on target estamos de acuerdo al programa
    we're below target estamos atrasados
target date la fecha meta
target market el mercado meta
tariff una tarifa
tarjeta card
taste el gusto, **it tastes terrible/very good** sabe
    horrible/muy bien
tax: tax returns la declaración de impuestos

---

a [ah], c [k, c, th], e [eh], g [gh, h], h [-], j [h], ll [y, ll],
ñ [ny], u [oo], v [b], y [ee, y], z [s, th];
see also pages iv–vi

before tax antes de impuestos
after tax después de impuestos
taxable sujeto a impuesto
taxi un taxi, un libre, un carro de sitio
   will you get me a taxi? ¿puede llamarme un taxi?
   where can I get a taxi? ¿dónde puedo encontrar
   un taxi?
tea el té
   could I have a cup of tea? ¿puede darme una taza
   de té?
   YOU MAY THEN HEAR...
   un té con limón *tea with lemon*
   un té con leche *tea with milk*
team el equipo
teamwork el trabajo de equipo
technical técnico(a)
   the technical departments los departamentos
   técnicos
technician un técnico
technology la tecnología
telegram un telegrama
   I want to send a telegram quiero enviar un
   telegrama
telephone el teléfono
   a (telephone) call una llamada (telefónica)
   can I make a phone call? ¿puedo hacer una
   llamada telefónica?
   can I speak to ... ? ¿puedo hablar con ... ?
   I'll telephone you when I get back lo llamaré por
   teléfono cuando yo regrese
   as I mentioned on the telephone como le dije por
   teléfono
   further to our recent telephone conversation
   después de nuestra reciente conversación
   telefónica
   telephone booth una cabina telefónica
   telephone directory el directorio de teléfonos
» TRAVEL TIP: *When making a telephone call from a
pay telephone, be sure to read the instructions. In
some countries you have to deposit the coin after*

your party has answered, and if you deposit the
coin beforehand, you lose your money.
YOU MAY HEAR...
¿quién habla? *who's speaking?*
la línea está ocupada *the line is busy*
no cuelge, le paso ... *hold the line, I'm putting
you through to ...*

television la televisión
 on television en la televisión
telex un télex
 by telex por télex
tell: could you tell me where ...? ¿podría decirme
 dónde ...?
 could you tell him that ...? ¿podría decirle
 que ...?
 as I told you at our last meeting como le dije en
 nuestra última reunión
 as I told your colleague como le dije a su colega
temperature la temperatura
temporary temporario(a)
tender *(bid)* una oferta
 we are interested in tendering for this contract
 estamos interesados en presentar una oferta para
 este contrato
 invitation to tender un llamado a ofertas
terminate *(agreement)* terminar
termination *(cancellation)* una cancelación
 (expiration) la expiración
terminus el término
terms *(payment)* los términos
 what are your terms? ¿cuáles son sus
 condiciones?
 improved terms mejores condiciones
 under the terms of the agreement de acuerdo con
 los términos del contrato
terrible terrible

---

a [ah], c [k, c, th], e [eh], g [gh, h], h [-], j [h], ll [y, ll],
ñ [ny], u [oo], v [b], y [ee, y], z [s, th];
see also pages iv–vi

test una prueba
    it's still being tested todavía lo(a) están probando
than que
    bigger/better than ... más grande/mejor que ...
thanks, thank you gracias
    thank you very much muchas gracias
    YOU MAY THEN HEAR...
    de nada *you're welcome*
    thank you for your letter le agradezco su carta
that ese(a)
    that man/plane ese hombre/avión
    I'd like that one quisiera ése(a)
    I think that ... creo que ...
    that was ... eso fue ...
    what about that? ¿qué le parece?
the el(la), *(plural)* los(las)
    the airport el aeropuerto
their *see* **my**
them: I know them los conozco
    give them ... déles ...
    will you give it to them? ¿se lo dará usted a ellos(as)?
    with them con ellos(as)
then *(at that time)* entonces
    (after that) después
    (therefore) por lo tanto
there allí
    how do I get there? ¿cómo puedo llegar allá?
    there is/there are ... hay ...
    is there/are there ...? ¿hay ...?
    there isn't/aren't any ... no hay ...
    there you are *(giving something)* aquí está
these estos(as)
    can I take these? ¿puedo tomar éstos(as)?
they ellos(as)
thick grueso(a)
thin delgado(a)
thing una cosa
    I've lost all my things he perdido todas mis cosas
think: I'll think it over voy a pensarlo

I think so creo que sí
I don't think so no lo creo
I think that ... creo que ...
third tercero
thirsty: I'm thirsty tengo sed
this este(a)
    this man/plane este hombre/avión
    can I have this one? ¿puedo tomar éste?
    this is Mr. ... éste es el Sr. ....
    is this ...? ¿es éste ...?
those esos(as)
    how much are those? ¿cuánto cuestan éstos(as)?
through a través
Thursday el jueves
ticket (train, plane, bus, etc.) un boleto
    (coat check) la contraseña
» TRAVEL TIP: see **bus**
tie (necktie) una corbata
    I'm tied up all day estaré ocupado(a) todo el día
    I want to get all the details tied down quiero fijar
    todos los detalles
tight (schedule) ajustado(a)
    (control) estricto(a)
    (margin) estrecho(a)
    it's tight, but I think we'll make it está muy
    apretado pero creo que tendremos éxito
time: what's the time? ¿qué hora es?
    at what time? ¿a qué hora?
    this time esta vez
    last time/next time la última/próxima vez
    3 times tres veces
    3 times as fast tres veces más rápido(a)
    I haven't got time no tengo tiempo
    for the time being por el momento
    it takes a lot of time toma mucho tiempo
    to arrive in time llegar con tiempo

---

a [ah], c [k, c, th], e [eh], g [gh, h], h [-], j [h], ll [y, ll],
ñ [ny], u [oo], v [b], y [ee, y], z [s, th];
see also pages iv–vi

to arrive on time llegar a tiempo
it's a question of time es cuestión de tiempo
we need more time necesitamos más tiempo
we cannot give you any more time no podemos concederle más tiempo
have a good time! ¡diviértase!
time and motion study un estudio de tiempo y movimiento
it's time-consuming toma tiempo
HOW TO TELL THE TIME
it's 1 o'clock es la una
it's 2 a.m./p.m. son las dos de la mañana/de la tarde
at 7 p.m. a las siete de la noche
2:05 dos y cinco
2:15 dos y cuarto
2:30 dos y media
2:40 tres menos viente
2:45 tres menos cuarto
timetable *(travel)* un horario
(program) un programa
timing: the timing of the payments el programa de los pagos
it's all a question of timing todo depende del tiempo
tip la propina
tissues pañuelos desechables
to: to the U.S. a los Estados Unidos
to Bogota a Bogotá
give/show it to Mr. . . . entrégueselo/muéstreselo al Sr. . . .
tobacco el tabaco
today hoy
a week/a month from today dentro de una semana/un mes
together juntos(as)
together with al mismo tiempo que
can we pay all together? ¿podemos pagar todo junto?
toilet los baños

where are the toilets? ¿dónde están los baños?
tomato juice un jugo de tomate
tomorrow mañana
    tomorrow morning/afternoon/evening mañana
    por la mañana/por la tarde/por la noche
    the day after tomorrow pasado mañana
    a week from tomorrow una semana a partir de
    mañana
ton una tonelada
» *1 ton = 907.2 kg*
    metric ton = 1,000 kg = 2205 lbs.
tonelada corta short ton
tonelada larga long ton
tonelada métrica metric ton
tonic (water) agua de quinina
tonight hoy por la noche
too también
    too much/many demasiado(a)
    that's too much es demasiado(a)
tool una herramienta, un utensilio
    we are still tooling up todavía estamos
    comenzando
tooth: I've got a toothache tengo dolor de
dientes/muelas
top: on top of . . . además de . . .
    on the top floor en el último piso
    at the top en la parte superior
    top management los funcionarios superiores
    our top salesman nuestro mejor vendedor
topic un tópico
total el total
    that makes a total of . . . eso es un total de . . .
totally completamente
touch: we'll get in touch with you nos pondremos en
    contacto con usted
    please get in touch with . . . sírvase ponerse en

---

a [ah], c [k, c, th], e [eh], g [gh, h], h [-], j [h], ll [y, ll],
ñ [ny], u [oo], v [b], y [ee, y], z [s, th];
see also pages iv–vi

contacto con . . .
please keep in touch por favor, manténgase en
contacto
**if you could put me in touch with someone
who . . .** si pudiese ponerme en contacto con
alguien que . . .
tough (*competition, etc.*) fuerte
(*material*) sólido, resistente
towards hacia
towel una toalla
town una ciudad, un pueblo
in town en la ciudad
would you take me into town? ¿podría llevarme a
la ciudad?
trabajo work
trade el comercio
people in the trade la gente del ramo
trader un comerciante
trade secret un secreto de fabricación
trade show exposición comercial
trade union sindicato del gremio
trading loss una pérdida comercial
trading profit una ganancia comercial
trading surplus un exceso comercial
traditional tradicional
the traditional approach el enfoque tradicional
traffic lights las luces de tránsito, los semáforos
train tren, **by train** en tren
trainee un aprendiz
training el entrenamiento
training period el período de entrenamiento
tranquilizers los calmantes
transfer (*of money*) una transferencia
the amount has been transferred to your account
la suma ha sido transferida a su cuenta
he's been transferred to the Chicago branch él ha
sido transferido a la sucursal de Chicago
transformer un transformador
transit el tránsito
in transit en tránsito

damaged in transit dañado en el transporte
translate traducir
translation una traducción
would you translate that for me? ¿podría traducirme eso?
translator un(a) traductor(a)
transport el transporte
has transport been arranged for us? ¿han efectuado los arreglos de transporte para nosotros?
transport charges los costos del transporte
transshipment el transbordo
travel viajar
travel agency una agencia de viajes
traveler's check un cheque de viajero
traveling salesman un agente viajero
tremendous tremendo(a)
trend una tendencia
trial (in court) un juicio
on a trial basis a ensayo, a prueba
trials are still being carried out todavía se están efectuando ensayos
trial order un pedido de prueba
trial period un período de prueba
trial run un ensayo
trimestre quarter
trip un viaje
the trip out la ida
the return trip el regreso
a short trip un viaje corto
have a good trip tenga un buen viaje
trouble los problemas
I'm having trouble with . . . tengo problemas con . . .
that's just the trouble! ¡ese es el problema!
trouble-free sin problemas

---

a [ah], c [k, c, th], e [eh], g [gh, h], h [-], j [h], ll [y, ll], ñ [ny], u [oo], v [b], y [ee, y], z [s, th]; *see also pages iv–vi*

no trouble no es problema
troubleshooter (*arbitrator*) un mediador, un árbitro
(*rescuer*) un experto en identificar y resolver
problemas
trousers los pantalones
truck un camión
truck driver un conductor de camión
true verdadero(a)
  it's not true no es cierto
trust: I trust you confío en usted
  we have to trust each other tenemos que confiar
  mutuamente uno en el otro
  it's based on trust está basado en confianza
trustworthy (*person*) digna de confianza
try probar
  we'll give it a try lo probaremos
  please try to convince him por favor, trate de
  convencerlo
Tuesday el martes
turn: it's our turn to . . . es nuestro turno de . . .
  as it turned out a fin de cuentas
**turnaround: what sort of turnaround can you give
us?** ¿qué clase de período de entrega puede
darnos?
  their turnaround time is too slow sus períodos de
  entrega son muy largos
turnover (*revenues*) movimiento
  (*of stock*) el movimiento de las acciones
  an increase in turnover un aumento de
  movimiento
tuxedo un smoking
twice dos veces
  twice as much el doble
twin beds las camas gemelas
type: this type of . . . este tipo de . . .
  suitable for all types of . . . apropiado para todo
  tipo de . . .
  would you have this typed up for me? ¿podría
  hacer que alguien me escribiese esto a máquina?
typewriter una máquina de escribir

typical típico(a)
typist una mecanógrafa

U

ulcer una úlcera
umbrella un paraguas, una sombrilla
unacceptable inaceptable
under debajo
   under 20% menos de veinte por ciento
   under the terms of the contract de acuerdo a los
   términos del contrato
undercapitalized capitilización insuficiente
undercut: we can undercut their prices podemos dar
   mejores precios
underpaid sueldo insuficiente
underpriced por debajo del precio
understaffed escasez de personal
understand comprender, entender
   I don't understand no entiendo
   do you understand? ¿comprende?
understanding: if we can reach an understanding
   about . . . si podemos llegar a un entendimiento
   sobre . . .
unethical (*practice*) falta de ética
unexpected no anticipado(a)
unfounded injustificado(a)
unhappy: I'm still unhappy about it todavía no estoy
   contento(a)
union (*trade*) el sindicato gremial, la unión
   union member un miembro del sindicato gremial
   union steward el delegado del sindicato gremial
unit la unidad
unit cost el costo unitario
unit price el precio unitario

---

a [ah], c [k, c, th], e [eh], g [gh, h], h [-], j [h], ll [y, ll],
ñ [ny], u [oo], v [b], y [ee, y], z [s, th];
see also pages iv–vi

United States los Estados Unidos (EE.UU., E.U.A.)
unless: unless you can do it by next Wednesday a
   menos que usted pueda efectuarlo de aquí al
   miércoles
unlikely poco probable
until hasta
   until recently hasta recientemente
   not until Tuesday no hasta el martes
unusual poco común
up: sales are up 10% las ventas han aumentado diez
   por ciento
   5% up over last year cinco por ciento sobre el año
   pasado
   when the extra period is up a la expiración del
   período suplementario
   up until yesterday hasta ayer
   he's not up yet todavía no se ha levantado
up market mercado ascendente
up-to-date moderno(a)
   to keep the records up to date poner los registros
   al día
   **will you bring me up to date on what's
   happening?** ¿puede ponerme al día sobre lo que
   está sucediendo?
up-to-the-minute *(news, report)* del último momento
upturn volver hacia arriba
upwards: the trend is still upwards la tendencia
   todavía es hacia arriba
**urgency: please treat this as a matter of the greatest
   urgency** sírvase tratar esto como un asunto de
   suma ugencia
urgent urgente
Uruguay Uruguay
us nosotros(as)
use: can I use ...? ¿puedo utilizar ...?
useful útil
usual: the usual approach el método usual
   as usual como de costumbre
usually usualmente
U-turn Giro en "U"

V

vacancy *(job)* un puesto vacante
vacation las vacaciones
    closed for summer vacation cerrado durante las
    vacaciones de verano
    I'll be on vacation estaré de vacaciones
valid válido(a)
    how long is it valid? ¿por cuánto tiempo es
    válido(a)?
valor actual present value
valuable: the contents are valuable el contenido es
    valioso
    that's valuable advice eso es un consejo valioso
    that's valuable business ese es un negocio valioso
value el valor
    we value the work you've done apreciamos el
    trabajo que usted ha realizado
vegetarian vegetariano(a)
Venezuela Venezuela
verify *(check)* verificar
very muy
    very much better mucho mejor
    I very much hope so verdadermente, así espero
vested interest los intereses creados
via vía
vía aérea air mail
vida promedio average life
view: in view of ... en vista de ..
vintage year un buen año
visa una visa
visit *(noun)* una visita
    on our last visit to your factory en nuestra última
    visita a su fábrica
    we look forward to Mr. Carrillo's visit estamos
    esperando la visita del Sr. Carrillo
voice una voz

---

a [ah], c [k, c, th], e [eh], g [gh, h], h [-], j [h], ll [y, ll],
ñ [ny], u [oo], v [b], y [ee, y], z [s, th];
see also pages iv–vi

voltage el voltaje, la tensión
volume *(of production, etc.)* el volumen

W

wait: will we have to wait long? ¿tendremos que
  esperar mucho tiempo?
  don't wait for me no me esperen
  I'm waiting for my colleague estoy esperando a mi
  colega
waiter el mozo, el mesero
  waiter! ¡mozo! ¡mesero!
waitress la camarera, la mesera
  waitress! ¡camarera!, ¡mesera!
wake: will you wake me up at 7:30? ¿pueden
  despertarme a las siete y media?
walk: can we walk there? ¿podemos ir a pie?
wall la pared
wallet la cartera, la billetera
want: I want a ... deseo un ...
  I want to talk to ... deseo hablar con ...
  what do you want? ¿qué desea?
  I don't want to no quiero
  he wants to ... él desea ...
  they don't want to ellos no desean
  it's just what we want es exactamente lo que
  deseamos
warehouse un depósito, una bodega
warehouse manager el administrador del depósito
warehousing (storage) costs los costos de
  almacenamiento
warm caliente
warning una advertencia
warranty una garantía
  it's under warranty está bajo garantía
was *see* **be**
wash: can you wash these for me? ¿puede lavarme
  esto?
watch *(wrist-)* un reloj

will you watch ... for me? ¿podría usted mirar ... por mí?
watch out! ¡cuidado! ¡atención!
water: can I have some water? ¿me puede dar agua?
way: this is the way we see things developing esta es la forma en que vemos el desarrollo de las cosas
let's do it this way hagámoslo de esta forma
OK, let's do it your way de acuerdo, hagámoslo como usted desea
this is the way forward esta es la forma de ir hacia adelante
the goods are on their way las mercancías están en camino
could you tell me the way to ...? ¿cuál es el camino para ir a ...?
waybill la hoja de ruta
we nosotros(as)
weak débil
weather el tiempo
what lousy weather! ¡qué tiempo más malo!
Wednesday el miércoles
week una semana
a week from today dentro de una semana
a week from tomorrow una semana a partir de mañana
in a week dentro de una semana
on the weekend durante el fin de semana
weigh pesar
weight el peso
welcome: thank you for your warm welcome le agradecemos su calurosa bienvenida
welcome to ... bienvenido a ...
we would welcome your comments le agradeceremos sus comentarios
well bien
I'm not feeling well no me siento bien

---

a [ah], c [k, c, th], e [eh], g [gh, h], h [-], j [h], ll [y, ll],
ñ [ny], u [oo], v [b], y [ee, y], z [s, th];
see also pages iv–vi

he's not well él no está bien
how are you? very well, thanks ¿cómo está usted?
muy bien, gracias
you speak English very well usted habla muy
bien el inglés
were *see* **be**
west el oeste
West Indian antillano(a)
West Indies las Antillas
wet mojado(a)
what lo que
  what ...? ¿qué ...? ¿qué es eso?
  what is that? ¿qué es eso?
  what's that in Spanish? ¿cómo se llama eso en
  español?
  what with? ¿con qué?
  what for? ¿para qué?
when ...? ¿cuándo ...?
  when I arrived cuando llegué
where: where can we ...? ¿dónde podemos ...?
  where is the post office? ¿dónde está el correo?
  YOU MAY THEN HEAR...
  cerca de aquí *nearby*, cerca de ... *close to ...*
  muy lejos *a long way away*, siga derecho *straight
  ahead*, a la izquierda, a la derecha *on the left, on
  the right*, doble a la izquierda/derecha *take the first left/right*, después de la luz
  roja *past the red light (traffic lights)*
whether si
which cual
  which one? ¿cuál?
  YOU MAY THEN HEAR...
  éste(a) *this one*, aquél(la) *that one*
whiskey el whiskey
white blanco(a)
who quien
wholesale las ventas al por mayor
wholesale price el precio al por mayor
wholesaler el mayorista
whose: whose company was ... cuya compañía

fue ...
whose is this? ¿de quién es esto?
YOU MAY THEN HEAR...
es mío/de él/de ella/de ellos *it belongs to
me/him/her/them*
why? ¿por qué? **why not?** ¿por qué no?
YOU MAY THEN HEAR...
porque ... *because*
wide ancho(a)
width el ancho
wife: my wife mi esposa, mi mujer
will: when will it be finished? ¿cuándo se terminará?
will you do it? ¿lo hará usted?
I will come back yo volveré
willing: are you willing to ... ? ¿está usted
dispuesto(a) a ... ?
we are willing to try it estamos dispuestos a
probarlo
win *(competition)* ganar
(order, contract) obtener, ganar
window la ventana
(of car) el vidrio
near the window cerca de la ventana
in the window *(shop)* en la vitrina
windshield el parabrisas
wine el vino
may I see the wine list? ¿puedo ver la lista de
vinos?
(see wine guide overleaf page 154)
red wine el vino tinto, **white wine** el vino blanco
» TRAVEL TIP: *European wines may be very expensive
in South and Central America. Argentina and
Chile produce good wines that will be available at
more reasonable prices in several Latin American
countries.*
winter el invierno

a [ah], c [k, c, th], e [eh], g [gh, h], h [-], j [h], ll [y, ll],
ñ [ny], u [oo], v [b], y [ee, y], z [s, th];
see also pages iv–vi

SPAIN
Red, white and rosé wines are all produced in Spain
and they compare favorably with the world's best.
There are two kinds of red wine in Spain: vino tinto,
a fuller-bodied, deep ruby-colored wine, and clarete,
a light red wine. Sherry (Jerez), the most famous
Spanish wine, comes only from the region of
Andalusía in the southwest coast. Other important
wine-producing areas in Spain are: Rioja, best
known for its excellent red wines; Catalonia,
producer of both red and white wines; and La
Mancha, where the most popular red is Valdepeñas.

ARGENTINA AND CHILE
Argentina is the largest wine-producing country in
the Western Hemisphere (fifth in the world) and
Chile produces a considerable volume. The wines of
these two countries, however, are not well known
internationally.

Many European wines are available:
REDS (vinos tintos)
Bordeaux, Bourgogne, Beaujolais, Cotes du Rhone,
    Rioja
WHITES (vinos blancos)
Bordeaux, Bourgogne, Loire, Alsace, Rin
ROSE (vinos rosados)
Rose d'Anjou, Lancers Rosado
CHAMPAGNE (champaña)
Dom Perignon, Moët et Chandon, Mumm, Veuve
    Clicquot, Piper Heidsieck, Pommery, Taittinger

a few wine terms
do you have something dry/sweeter? ¿tiene algo más
seco/dulce?
what would you recommend with . . . ? ¿qué
aconsejaría usted con . . . ?
cheers! ¡salud!
harvest cosecha
grape variety cepa
vintage vendimia

wire *(electrical)* un alambre
wise *(policy)* sabio(a)
   I think it would be wise to . . . creo que sería
   prudente . . .
wish: best wishes mejores deseos
   (on letter) con mis mejores deseos
   please give my best wishes to Mr. Higuero por
   favor, salude al Sr. Higuero en mi nombre
   Mr. Morales sends his best wishes el Sr. Morales
   le envía saludos
   the customer's wishes los deseos del cliente
with con
withdraw *(money from account)* retirar
   if we withdraw from the project si nos retiramos
   del proyecto
within: within 3 months en tres meses
without sin
witness un(a) testigo
   will you act as a witness for me? ¿me podría
   servir de testigo?
woman una mujer
women's room el baño/servicio de señoras
wonderful maravilloso(a)
wood la madera
wool la lana
word una palabra
   I don't know that word no conozco esa palabra
word processor una procesadora de texto
work *(noun)* el trabajo
   (verb) trabajar
   there's a lot of work to do hay mucho trabajo que
   hacer
   it's very difficult work es un trabajo muy difícil
   it's not working no funciona
   (plan) no funciona
   I work in New York trabajo en Nueva York

---

a [ah], c [k, c, th], e [eh], g [gh, h], h [-], j [h], ll [y, ll],
ñ [ny], u [oo], v [b], y [ee, y], z [s, th];
see also pages iv–vi

a good working relationship una buena relación de trabajo

if we can work something out si podemos arreglar algo

it'll work out in the end se arreglará al final

workforce el personal

working capital el capital de trabajo

workload la carga de trabajo

works (*factory*) la fábrica

workshop el taller

world el mundo

the best in the world el(la) mejor del mundo

worldwide (*distribution, sales*) mundial

worry: I'm worried about it eso me preocupa

don't worry no se preocupe

worse: it's worse es peor

it's getting worse está empeorando

worst: the worst el peor

worth: it's not worth that much no vale tanto

is it worthwhile going to ...? ¿vale la pena ir a ...?

100 pesos worth of ... cien pesos de ...

worthless sin valor

would: would you send us ...? ¿podría enviarnos ...?

see also **like**

wrap: could you wrap it up? ¿podría envolverlo?

to wrap up a deal concluir un negocio

wrapping el envoltorio

write escribir

could you write it down? ¿podría escribirlo?

I wrote it all down anoté todo

we'll be writing to you le escribiremos

could we have that in writing? ¿podría confirmarlo por escrito?

write off (*losses*) pasar a pérdidas

writing paper papel de cartas

wrong incorrecto(a)

I think the invoice is wrong creo que la factura está incorrecta

there's something wrong with ... hay algo
incorrecto en ...
you're wrong usted está equivocado(a)
sorry, wrong number lo siento, tiene el número
equivocado

Y

yard yarda
» *1 yard = 91.44 cms = 0.91 m*
year el año
yearly anualmente
yellow amarillo
yellow pages las páginas amarillas
yes sí
   you can't—yes, I can usted no puede—sí, puedo
yesterday ayer
   the day before yesterday anteayer
   yesterday morning/evening ayer por la
mañana/noche
yet: is it ready yet? ¿ya está listo?
   not yet todavía no
you usted; *(informal)* tú
» *TRAVEL TIP: Use the "usted" form in most
situations; the familiar "tú" form is for people you
know well; it is best to let the Spanish speaker start
using the "tú" form; examples are: usted habla/tú
hablas; usted viene/tú vienes; usted toma/tú tomas;
see also* **my**
young joven
your *see* **my**

---

a [ah], c [k, c, th], e [eh], g [gh, h], h [-], j [h], ll [y, ll],
ñ [ny], u [oo], v [b], y [ee, y], z [s, th];
see also pages iv–vi

Z

zero cero
zip code zona postal
» TRAVEL TIP: In some countries the zip code may be
before or after the name of the city, in other
countries it is placed after the name of the state or
province.

Drinks: bebidas
Wine list: lista de vinos
Vino blanco/tinto *white/red wine*

Entradas: Appetizers
Aceitunas (rellenas) *olives (stuffed)*
Aguacate *avocado*
Calamares *squid*
Caracoles *snails*
Caviar *caviar*
Ceviche *marinated raw fish*
Jamón con melón *ham and melon*
Mariscos *seafood*

Sopas: Soups
Gazpacho *cold vegetable soup*
Sancocho *chicken or beef stew with tubers (potatos, yam, yuca)*
Sopa de cangrejo *crab soup*
Sopa de fideos *noodle soup*
Sopa de mariscos *seafood soup*
Sopa de pollo *chicken soup*
Sopa de tomate *tomato soup*
Sopa de tortuga *turtle soup*

Ensaladas: Salads
Ensalada de huevo *egg salad*
Ensalada de papa (patatas) *potato salad*
Ensalada de tomates *tomato salad*
Ensalada mixta *mixed salad*

Carnes: Meat dishes
Biftec *beef steak*
Cabrito *baby goat*
Carne asada *charbroiled meat*
Carne de res *beef*
Hígado *liver*
Lengua de res *tongue (beef)*
Puerco *pork*
Riñones *kidneys*

Aves: Poultry
Codorniz *quail*
Ganso *goose*
Pato a la naranja *duck with orange sauce*
Pollo asado *roast chicken*
Pollo frito *fried chicken*

Animales de caza: Game
Armadillo *armadillo*
Faisán *pheasant*
Jabalí *wild boar*
Perdiz *partridge*
Venado *venison*

Pescado y mariscos: Fish and seafood
Almejas *clams*
Atún *tuna*
Bacalao *cod*
Calamares *squid*
Camarones *shrimp*
Cangrejo *crab*
Langosta *lobster*
Langostinos *prawn*
Ostras *oysters*
Pez espada *swordfish*
Pulpo *octopus*
Sardinas *sardines*
Trucha *trout*

A few menu terms
ahumado *smoked*
al ajo *(with) garlic*
al horno *baked*
a la crema *(with) sour cream, cream*
a la parrilla *grilled*
al jerez *(with) sherry*

frito *fried*
hervido *boiled, poached*
mostaza *mustard*
picante *spicy*
salsa de tomate *tomato sauce*

Vegetales: Vegetables
Ají *chili, chili sauce*
Apio *celery*
Arroz *rice*
Fríjoles *beans*
Berenjena *eggplant*
Cebolla *onion*
Espárragos *asparagus*
Espinaca *spinach*
Garbanzo *chick-peas*
Lechuga *lettuce*
Lentejas *lentils*
Maíz *corn*
Tomates *tomatoes*
Papas (patatas) *potatoes*
Pepino *cucumber*

Quesos: Cheeses
Queso americano *American cheese*
Queso de cabra *goat cheese*
Queso picante *cheese in hot sauce*
Queso suizo *Swiss cheese*

Frutas: Fruit
Banano *banana*
Cerezas *cherries*
Ciruela *plums*
Coco *coconut*
Frambuesas *raspberries*

Fresas *strawberries*
Limón *lime*
Mango *mango*
Manzana *apple*
Naranja *orange*
Pera *pear*
Piña *pineapple*
Plátano *(green) plantain*
Sandía *watermelon*
Uvas *grapes*

Postres: Desserts
Arroz con leche *rice pudding*
Flan *caramel custard*
Galletas *cookies*
Helado *ice cream*
Membrillo *quince jelly*
Pastel *cake*
Turrón *nougat*

Bocadillos: Snacks
Carnes frías *cold cuts*
Emparedado (sandwich) de jamón con queso *ham and cheese sandwich*
Emparedado (sandwich) de huevo *egg sandwich*

Especialidades: Specialities
Arroz con pollo *chicken and rice*
Buñuelos *cheese cruller*
Empanadas de carne *meat pies*
Paella *rice with meat, chicken, fish and vegetables*
Plátanos fritos *fried ripe plantains*
Quesadillas *cheese tacos*
Sancocho *chicken or beef stew with tubers*
Tostones *fried green plantains*

Enjoy your meal! — or, *as they say,* ¡**buen apetito!**

0	cero [ceh-roh]*
1	uno [oo-noh]
2	dos [dohs]
3	tres [trehs]
4	cuatro [kwah-troh]
5	cinco [ceen-koh]
6	seis [sayss]†
7	siete [syeh-teh]
8	ocho [oh-choh]
9	nueve [nweh-beh]
10	diez [dyehs]
11	once [ohn-ceh]
12	doce [doh-ceh]
13	trece [treh-ceh]
14	catorce [kah-tohr-ceh]
15	quince [qeen-ceh]
16	dieciséis [dyeh-cee-sayss]
17	diecisiete [dyeh-cee-syeh-teh]
18	dieciocho [dyeh-cyoh-choh]
19	diecinueve [dyeh-cee-nweh-beh]
20	veinte [bayn-teh]
21	veintiuno [bayn-tyoo-noh]
22	veintidós [bayn-tee-dohs]
23	veintitrés [bayn-tee-trehs]
24	veinticuatro [bayn-tee-kwah-troh]
25	veinticinco [bayn-tee-ceen-koh]
26	veintiséis [bayn-tee-sayss]
27	veintisiete [bayn-tee-syeh-teh]
28	veintiocho [bayn-tyoh-choh]
29	veintinueve [bayn-tee-nweh-beh]
30	treinta [trayn-tah]
31	treinta y uno [trayn-tah-ee-oo-noh]
40	cuarenta [kwah-rehn-tah]
50	cincuenta [ceen-kwehn-tah]
60	sesenta [seh-sehn-tah]
70	setenta [seh-tehn-tah]
80	ochenta [oh-chehn-tah]
90	noventa [noh-behn-tah]
100	cien [cyehn]
101	ciento uno [cyehn-toh-oo-noh]

102 ciento dos [cyehn-toh-dohs]
200 doscientos [dohs-cyehn-tohs]
202 doscientos dos [dohs-cyehn-tohs-dohs]
1,000 mil [meel]
2,000 dos mil [dohs-meel]
2,469 dos mil cuatrocientos sesenta y nueve
    [dohs-meel-kwah-troh-cyehn-tohs-seh-sehn-
    tah-ee-nweh-beh]
1,000,000 un millón [oon-mee-yohn]
1,000,000,000 mil millones [meel-mee-yoh-nehs]

  1st primero [pree-meh-roh]
  2nd segundo [seh-goon-doh]
  3rd tercero [tehr-ceh-roh]
  4th cuarto [kwahr-toh]
  5th quinto [qeen-toh]
  6th sexto [sehx-toh]
  7th séptimo [sehp-tee-moh]
  8th octavo [ohk-tah-boh]
  9th noveno [noh-beh-noh]
 10th décimo [deh-cee-moh]
 11th undécimo [oon-deh-cee-moh]
 12th duodécimo [doo-oh-deh-cee-moh]
 13th décimotercero [deh-cee-moh-tehr-ceh-roh]

  *Remember that *c* before *e* or *i*, and *z* in any
  position will sound in Spain like *th* in *thin*.

  †*ss* is used here instead of a single *s* to indicate
  that the word is not pronounced like English *says*,
  but like *say* + *ss*.

¼ un cuarto (kwahr-toh), ¾ tres cuartos
⅓ un tercio (tehr-cyoh), ⅔ dos tercios
½ un medio (meh-dyoh), 1½ un . . . y medio
1¼ un . . . y cuarto
⅛, etc. un octavo, etc.

0.2 cero coma [punto] dos, 0,2/0.2
3.86 tres coma [punto] ocho seis 3,86, 3.86
Note: Most Latin American countries and Spain use a

comma for decimals and a period for thousands.
Some Latin American countries now do the same
as the U.S. (periods for decimals and commas for
thousands).

4 + 4 cuatro más [mahs] cuatro or y [ee] cuatro
4 − 2 cuatro menos [meh-nohs] dos
4 × 2 cuatro por [por] dos
4 ÷ 2 cuatro dividido [dee-bee-dee-doh] por dos
4 + 4 = 8 cuatro más cuatro igual [ee-gwahl] ocho
40% of 35 cuarenta por ciento [pohr-cyehn-toh] de
   treinta y cinco
30% increase un aumento de treinta por ciento

2^2 dos al cuadrado [kwah-drah-doh]
2^3 dos al cubo [koo-boh]
2^4 dos a la cuarta [kwahr-tah]

COUNTRY	NAME	SYMBOL
Argentina	austral	₳
Bolivia	peso	$B
Brasil	nuevo cruzeiro	$/Cr$
Chile	peso/peso chileno	$
Colombia	peso	$/P
Costa Rica	colón	₡/¢
Cuba	peso	$
Ecuador	sucre	S
El Salvador	colón	₡/¢
España	pesetas	pta.
Guatemala	quetzal	₲/Q
Honduras	lempira	L
México	peso	$
Nicaragua	córdoba	C$
Panamá	balboa	B
Paraguay	guaraní	₲/G
Perú	sol	S/$
Puerto Rico	dólar	$
República Dominicana	peso	RD$
Uruguay	peso	$
Venezuela	bolívar	B

COUNTRY	CITIZENS
Argentina	argentino(a)
Bolivia	boliviano(a)
Chile	chileno(a)
Colombia	colombiano(a)
Costa Rica	costarricense
Cuba	cubano(a)
Ecuador	ecuatoriano(a)
El Salvador	salvadoreño(a)
España	español(a)
Guatemala	guatemalteco(a)
Honduras	hondureño(a)
México	mexicano(a)
Nicaragua	nicaragüense
Panamá	panameño(a)
Paraguay	paraguayo(a)
Perú	peruano(a)
Puerto Rico	portorriqueño(a)
República Dominicana	dominicano(a)
Uruguay	uruguayo(a)
Venezuela	venezolano(a)

Special Vocabulary List

English/Inglés	Spanish/Español

Special Vocabulary List

English/Inglés	Spanish/Español

Special Vocabulary List

English/Inglés	Spanish/Español

Special Vocabulary List

English/Inglés	Spanish/Español

Special Vocabulary List

English/Inglés	Spanish/Español

Special Vocabulary List

English/Inglés	Spanish/Español

CONTACTS LIST

Name	Address	Tel.

CONTACTS LIST

Name	Address	Tel.

CONTACTS LIST

Name	Address	Tel.

CONTACTS LIST

Name	Address	Tel.

CONTACTS LIST

Name	Address	Tel.

CONTACTS LIST

Name	Address	Tel.

FOREIGN LANGUAGE BOOKS

Multilingual
The Insult Dictionary:
How to Give 'Em Hell in 5 Nasty
Languages
The Lover's Dictionary:
How to be Amorous in 5 Delectable
Languages
Multilingual Phrase Book
Let's Drive Europe Phrasebook
CD-ROM "Languages of the World":
Multilingual Dictionary Database

Spanish
Vox Spanish and English Dictionaries
NTC's Dictionary of Spanish False Cognates
Nice 'n Easy Spanish Grammar
Spanish Verbs and Essentials of Grammar
Getting Started in Spanish
Spanish à la Cartoon
Guide to Spanish Idioms
Guide to Correspondence in Spanish
The Hispanic Way

French
NTC's New College French and English
Dictionary
French Verbs and Essentials of Grammar
Real French
Getting Started in French
Guide to French Idioms
Guide to Correspondence in French
French à la Cartoon
Nice 'n Easy French Grammar
NTC's Dictionary of *Faux Amis*
NTC's Dictionary of Canadian French
Au courant: Expressions for Communicating in
Everyday French

German
Schöffler-Weis German and English Dictionary
Klett German and English Dictionary
Getting Started in German
German Verbs and Essentials of Grammar
Guide to German Idioms
Street-wise German
Nice 'n Easy German Grammar
German à la Cartoon
NTC's Dictionary of German False Cognates

Italian
Zanichelli Super-Mini Italian and English
Dictionary
Zanichelli New College Italian and English
Dictionary
Getting Started in Italian
Italian Verbs and Essentials of Grammar

Greek
NTC's New College Greek and English
Dictionary
Latin
Essentials of Latin Grammar
Hebrew
Everyday Hebrew
Chinese
Easy Chinese Phrasebook and Dictionary
Korean
Korean in Plain English
Polish
The Wiedza Powszechna Compact Polish and
English Dictionary
Swedish
Swedish Verbs and Essentials of Grammar
Russian
Complete Handbook of Russian Verbs
Essentials of Russian Grammar
Business Russian
Basic Structure Practice in Russian

Japanese
Easy Kana Workbook
Easy Hiragana
Easy Katakana
101 Japanese Idioms
Japanese in Plain English
Everyday Japanese
Japanese for Children
Japanese Cultural Encounters
Nissan's Business Japanese

"Just Enough" Phrase Books
Chinese, Dutch, French, German, Greek,
Hebrew, Hungarian, Italian, Japanese,
Portuguese, Russian, Scandinavian,
Serbo-Croat, Spanish

Audio and Video Language Programs
Just Listen 'n Learn Spanish, French,
German, Italian, Greek, and Arabic
Just Listen 'n Learn...Spanish,
French, German PLUS
Conversational...Spanish, French, German,
Italian, Russian, Greek, Japanese, Thai,
Portuguese in 7 Days
Practice & Improve Your...Spanish, French,
Italian, and German
Practice & Improve Your...Spanish, French,
Italian, and German PLUS
Improve Your...Spanish, French, Italian, and
German: The P&I Method
VideoPassport French
VideoPassport Spanish
How to Pronounce...Spanish, French,
German, Italian, Russian, Japanese
Correctly

PASSPORT BOOKS
a division of *NTC Publishing Group*
Lincolnwood, Illinois USA